Iwwer Grenzen

Geschichten aus der Groussregioun

Fotoe vum Michel Zavagno

Über Grenzen

Geschichten aus der Großregion

Fotos von Michel Zavagno

Sans frontières

La Grande Région se raconte

Photos par Michel Zavagno

D1700094

Impressum

Iwwer Grenzen
Geschichten aus der Groussregioun
Fotoe vum Michel Zavagno

ISBN 978-2-87954-184-6

Redaktioun | Georges Hausemer
Grafik | Miriam Rosner an Nicole Johann

Produktioun
Editions Guy Binsfeld | binsfeld communication
14, Place du Parc | L-2313 Luxembourg
Tel. (00352) 49 68 68 1 | Fax (00352) 40 76 09
editions@binsfeld.lu | www.editionsguybinsfeld.lu

Fotogravur | Scanlor

Drock | Imprimerie Victor Buck

Dës Anthologie kënnt eraus am Kader vu "Lëtzebuerg a Groussregioun – Kulturhaaptstad vun Europa 2007"
ënnert der Schiermherrschaft vum Groussherzog an der Groussherzogin

Iwwer Grenzen

Geschichten aus der Groussregioun

Fotoe vum Michel Zavagno

wolfer BICHERDEEG

Wat am Buch ass
Inhalt | Sommaire

Virwuert
Vorwort | Préface

Iwwer Grenzen

D'Walfer Bicherdeeg, déi vum 16. bis 18. November 2007 daueren a fir d'dräizéngte Kéier organiséiert ginn, stinn dëst Joer ganz am Zeeche vum Kulturjoer "Lëtzebuerg an d'Groussregioun
– Kulturhaaptstad vun Europa 2007".

Eng gutt Geleeënheet, fir am Kader vun der fënnefter "Walfer Anthologie" fir d'éischte Kéier
Auteure vun dëssäit an déisäit de Grenzen zu Wuert kommen ze loossen: zéng Lëtzebuerger,
aacht Däitscher, zwee Fransousen an zwee Belsch. Si all schreiwen iwwer Grenzen, déi et jo
offiziell guer net méi gëtt, awer a muenche Käpp a Gewunnechte vläicht dach nach weider-
bestinn. Grenzen, déi als Relikter aus fréieren Zäiten, als Erausfuerderung oder och als Symboler
vun neien Zäite kënne verstan ginn.

Geografesch, politesch, emotional an aner Grenzen oder och Net-Grenzen an der Groussregioun – dat ass d'Thema vun den 22 Geschichten, Essayen an Erënnerungen an dësem
Buch. En Thema, dat vun de Mataarbechterinnen a Mataarbechter mol méi a mol manner
kritesch, mol méi a mol manner eescht, mol méi a mol manner fiktiv behandelt gëtt. Elo ass
et, wéi ëmmer bei esou Entreprisen, um Lieser, sech seng eegen Topografie vun eiser Groussregioun auszemolen.

Mir hoffe jiddefalls, datt dës "Grenzen"-Anthologie deeselwechte Succès fënnt wéi déi
véier éischt Bicher – "Virum wäisse Blat", "D'Waasser am Mond", "Iwwer Bierg an Dall" an
"D'Messer am Réck"–, déi bei Geleeënheet vun de Walfer Bicherdeeg 2003, 2004, 2005 an
2006 erauskoumen.

An dësem Sënn: Grenze sinn do, fir iwwerwonnen ze ginn!

Guy Arendt, Buergermeeschter vun der Gemeng Walfer

Über Grenzen

Die "Walferdinger Büchertage", die vom 16. bis 18. November 2007 zum dreizehnten Mal stattfinden, stehen dieses Jahr im Zeichen des Kulturjahres "Luxemburg und Großregion – Europäische Kulturhauptstadt 2007".

Somit bietet sich eine gute Gelegenheit, im Rahmen der fünften "Walfer Anthologie" zum ersten Mal Autoren von diesseits und jenseits der Grenzen zu Wort kommen zu lassen: zehn Luxemburger, acht Deutsche, zwei Franzosen und zwei Belgier. Sie alle schreiben über Grenzen, die es zwar offiziell gar nicht mehr gibt, die in manchen Köpfen und Gewohnheiten aber vielleicht doch noch weiterexistieren. Grenzen, die als Relikte aus früheren Zeiten, als Herausforderung oder auch als Symbole einer neuen Zeit verstanden werden können.

Geografische, politische, emotionale und andere Grenzen oder auch Nicht-Grenzen in der Großregion – so lautet das Thema der 22 Geschichten, Essays und Erinnerungen in diesem Buch. Ein Thema, das von den Mitwirkenden mal mehr oder weniger kritisch, mal mehr oder weniger ernst, mal mehr oder weniger fiktiv behandelt wird. Nun ist es, wie immer bei solchen Unternehmungen, am Leser, sich seine eigene Topografie unserer Großregion auszumalen.

Wir hoffen jedenfalls, dass diese "Grenzen"-Anthologie die gleiche Aufmerksamkeit finden wird wie ihre vier Vorgänger – "Virum wäisse Blat", "D'Waasser am Mond", "Iwwer Bierg an Dall" und "D'Messer am Réck" –, die anlässlich der "Walferdinger Büchertage" 2003, 2004, 2005 und 2006 erschienen.

In diesem Sinne: Grenzen sind da, um überwunden zu werden!

Guy Arendt, Bürgermeister der Gemeinde Walferdingen

Au-delà des frontières

Cette année, les Journées du Livre de Walferdange, dont la 13e édition aura lieu du 16 au 18 novembre 2007, sont placées sous le signe de l'année culturelle "Luxembourg et Grande Région – Capitale européenne de la culture 2007".

Il s'agit donc d'une belle occasion de donner pour la première fois la parole à des auteurs de part et d'autre des frontières – dix Luxembourgeois, huit Allemands, deux Français et deux Belges – dans le cadre de la cinquième "Walfer Anthologie". Tous décrivent des frontières qui, même si elles n'existent plus officiellement, persistent dans certains esprits et dans certaines habitudes. Ces frontières peuvent être interprétées comme des vestiges d'autrefois, mais aussi comme des défis, sinon même des symboles d'une ère nouvelle.

Ce sont les frontières géographiques, politiques ou encore émotionnelles, parfois aussi les non-frontières de la Grande Région, qui sont au centre des 22 histoires, essais et souvenirs de ce livre. Les coauteurs abordent le sujet tantôt de manière plus ou moins critique, tantôt sur un ton plus ou moins sérieux, tantôt avec plus ou moins de fiction. Or, comme toujours pour ce genre d'ouvrage, c'est au lecteur qu'il appartient de se forger sa propre topographie de notre Grande Région.

Nous espérons en tout cas que cette anthologie "frontalière" retiendra la même attention que les précédentes – "Virum wäisse Blat", "D'Waasser am Mond", "Iwwer Bierg an Dall" et "D'Messer am Réck" – parues à l'occasion des éditions 2003, 2004, 2005 et 2006 des Journées du Livre de Walferdange.

Après tout, les frontières ne sont-elles pas là pour être franchies?

Guy Arendt, bourgmestre de la commune de Walferdange

GRENZE SINN DO, FIT IN FERN DEVENEN LE GIBIN
GRENZEN LES POET LA RUBEN SUNT

Seither steht und liegt es ungehemmt,
Was früher den Vögeln, den Wolken und
den Rautowellen vorbehalten war,

Klaus Brill
| Nachbarn, Nomaden

Man spürt sogleich, in welchem Land man ist, noch ehe es das erste Hinweisschild, die erste Werbeinschrift definiert. Frankreich, Deutschland, Luxemburg – sie unterscheiden sich in tausend Kleinigkeiten, und das ist gut so. Man kann es leicht studieren, wenn man im Dreiländereck an der Mosel ein wenig zwischen dem berühmten Schengen und seinen Nachbarorten Perl (deutsch) und Apach (französisch) hin- und herpendelt. Kaum einen Kilometer liegen die drei Dörfer voneinander entfernt, von der Kreuzung vor der Moselbrücke aus hat man sie gleichzeitig im Blick. Und doch: Hier grenzen nicht nur diese drei Nachbarorte aneinander, sondern auch Vianden, Hamburg und Marseille. Drei Welten, drei Lebensweisen, drei größere Gebilde, die auf dreierlei verschiedene Weise verwaltet, ausgestattet, kulturell und ökonomisch erschlossen sind.

Sogar der Natur ist es anzumerken. Wo Mistelbüsche im Geäst der Bäume wuchern, ist Lothringen. Wo Ordnung auch für Feldgehölze oder Wiesenraine herrscht, war Preußen. Und wo das Grün der Gräser und der Reben in der Wahrnehmung zurücktritt hinter techno-grellem Tankstellen-Blau, da hat sich luxemburgische Steuerpolitik ins Landschaftsbild überführt. Der Siedlungsbrei der Aldi-, Norma-, Lidl-Märkte in Perl, die Apacher Verachtung für komfortablen Asphalt und andere Glattheiten, die Schengen'sche Fürsorge für die alten Hauseingänge – sie sagen genug. Hier treffen der Norden und der Süden Europas, der romanische und der germanische Kulturraum aufeinander, und Luxemburg mildert den Zusammenprall auf ureigenste Art.

Wie lange noch? Man kann es ja auch so sehen: Das Land ist zwischen Mühlsteine geraten, diesmal nicht im politischen oder kulturellen Sinne, sondern: total. Und selber Mühlstein geworden. Die friedliche Nachbarschaft, die Segnungen der EU und vor allem die Walze der Globalisierung haben einer neuen Lebensform den Weg gebahnt, die der stolz bewahrten und befestigten Eigenart keine Ewigkeiten mehr gewährt. Durch lauter günstige Umstände, nicht zuletzt durch die Schlauheit der eigenen Nischen-Politik, ist Luxemburg ebenso wie sein Umland in einen Zustand furioser Beschleunigung geraten, der die Konturen vorüberfliegender Flusstäler mehr und mehr verschwimmen lässt. Apach, Schengen, Perl – die Unterschiede vaporisieren im Morgendunst der totalen Erreichbarkeit. Am Ende büßt womöglich gerade Schengen seine Seele noch durch jene Freiheiten ein, die auf ewig mit seinem Namen verbunden sind, seit hier am 14. Juni 1985 auf dem Ausflugsdampfer "Princesse Marie-Astrid" von fünf umliegenden EU-Nationen die Abschaffung aller Grenzkontrollen besiegelt wurde.

Seither fließt und fliegt es ungehemmt. Was früher den Vögeln, den Wolken und den Radiowellen vorbehalten war, haben sich jetzt auch die Menschen angewöhnt. Von einer heimischen UKW-Station oder einem Hörbuch beschallt, rauschen sie im Auto an stillgelegten, aber noch nicht abgerissenen Zollstationen vorbei nach Nennig, Arlon oder Thionville und in Gegenrichtung nach Luxemburg. Dass man am Übergang noch veranlasst wird, die Geschwindigkeit herabzusetzen, ist der letzte Rest von Achtung, den uns die Grenze abverlangt. Eine Sache der Pietät, wie man sie Verstorbenen entgegenbringt. Zehntausende, ja Hunderttausende fahren täglich ins Großherzogtum ein, um dort zu arbeiten und was immer sonst zu tun, abends fahren sie zurück. Zehntausende, ja Hunderttausende fahren täglich von Luxemburg ins billigere Umland zum Einkaufen, zum Essen, zu allem Möglichen. Der luxemburgische Wirtschaftsboom mit seinen enormen Preissteigerungen sowie das ökonomische Gefälle nach Belgien, Frankreich und Deutschland hin haben eine Migration in Gang gesetzt, die mittlerweile ebenso zu einem der verbindenden Wesenselemente der Großregion geworden ist, wie es die Ära des römischen Imperiums, die stillgelegten Hüttenschlote und die Mosel schon lange

Klaus Brill

sind. Von droben im Himmel muss Luxemburg aussehen wie ein Ameisenhaufen, jedenfalls an Werktagen von sechs bis neun und 16 bis 19 Uhr.

Wer sich diesem nachbarschaftlichen Nomadentum ein paar Tage lang aussetzt, der spürt in kurzer Zeit, was für ein mächtiger Sog da die vielen neuen Autobahnspangen vibrieren lässt. Konvulsivisch produziert er Schussfahrten und Staus, da hat sich's dann ganz schnell mit der Provinzialgemütlichkeit, nur noch im Hörbuch lebt sie fort. Und was man als gemächlicher Gondler in Apach, Schengen oder Perl noch wahrnimmt als vergehenden Reichtum der Unterschiedlichkeit, verliert sich sofort, wenn man in Perl bei Aldi, in Arlon bei Ikea und in Thionville bei Carrefour den Parkplatz ansteuert und sich die Nummernschilder der dort abgestellten Autos besieht. Hier wie da wie dort sind ganztägig Belgier, Luxemburger, Lothringer, Saarländer und Rheinland-Pfälzer unterwegs. Worin sich zeigt, dass von der "Abschaffung" der Grenzen vor allem die

Schnäppchenjäger profitieren. Und hoffentlich die Völkerfreundschaft auch. Ganz sicher sogar. Toni Hoffmann, der Bürgermeister von Perl, kann lange erzählen von der guten kommunalen Zusammenarbeit mit Schengen und Apach, von Fußballspielen, Chorgesang und Weinfesten, vom neuen deutsch-luxemburgischen Lyzeum in Perl und dem gemeinsamen moselfränkischen Dialekt. Ins Perler Hallenbad kommen die Nachbarn von drüben, die Perler nutzen ihrerseits den Naturbadeweiher in Remerschen, in Frankreich geht's gemeinsam an die Kletterwand. Indes haben sich in Perl in drei Jahren die Grundstückspreise mehr als verdoppelt, rund 100 bis 120 Menschen ziehen jedes Jahr zu, sie arbeiten in Luxemburg. Schulen und Kindergärten mussten erweitert werden.

In Schengen herrscht vor allem mächtiger Andrang von Ministern und Diplomaten aus aller Welt, sehr häufig muss Bürgermeister Roger Weber die rot-weiß-blaue Amtsschärpe herausholen und Wein entkorken zur Begrüßung. Ein Gast aus Moldawien, weit hinten auf dem Balkan hinter der neuen EU-Außengrenze zu Rumänien beheimatet, hat ihm erzählt, in der moldawischen Hauptstadt Chisinau seien einmal bei einer Demonstration Plakate mitgeführt worden, auf denen nur ein einziges Wort stand: Schengen.

Dies zu wissen, schützt vor der leichtsinnigen Versuchung, die Unsichtbarmachung der Grenze gering zu schätzen. Wir haben uns an diese Sensation nur schon so sehr gewöhnt, dass uns die grausame Banalität ihrer Alltagsfolgen mehr Qual bereitet, als die historische Zäsur an sich zur Freude gereicht. So ist es aber immer, wenn große Ideen in kleinen Dosen verabreicht werden, sogar im allzu lange kriegs- und grenzgeplagten Europa. Erst recht, wenn sich der großen Idee der Kommerz bemächtigt.

Was gar nicht bös gemeint ist. Nur überwinden im euro-globalen Binnenmarkt die über-breiten Warenströme Grenzen, auch kulturelle, in einer Weise, dass allenthalben Sorge sich erhebt, es werde auch etwas so Nebensächliches mit in den Orkus gerissen wie die Vertrautheit mit der eigenen Umgebung, das Vertrauen zum Mitmenschen und, ja natür-lich, die Identität. Dies hat gewiss weniger mit der EU zu tun als mit den Billiglöhnen in China und dem Unterhaltungsschrott aus Hollywood (sowie der mangelnden Resistenz dagegen). Dennoch ist es im alten Herzland Europas an Mosel, Saar und Maas, dem neben anderen Vätern der europäischen Einigung auch der große Robert Schuman entstammt, besonders schmerzlich zu sehen, wie die Entgrenzung auch ihre verschatteten, unästhe-tischen Zonen kreiert: Parkplätze, Hypermärkte, Autobahnspangen, Tankstellenanlagen.

Der französische Soziologe Marc Augé hat solche Orte als "non-lieux" bezeichnet, Un-Orte, die keiner in Raum und Zeit lokalisierten Kultur mehr angehören. Durchgangsstationen für zeitgenössische Migranten, die dank der Beschleunigung, dank der Überfülle an Er-lebnissen und Ereignissen in allem ins Übermaß gezwungen sind. Übermoderne nennt er deshalb unsere Zeit, "surmodernité". Eine Un-Zeit offenbar. Ganz und gar entgrenzt. Auch in Schengen, Apach, Perl.

"Ech brauch dech fir ze kucken, ob et mer ... .
oder ob ech ..... verschwennt.
Dat ka jo schéi ginn!

Pol Pütz
| De Rack vun Tréier

"D'Romaine gëtt bestuet. Mir kréien am Hierscht eng Hochzäit, deng Schwëster huet mer dat de Moien um Telefon gesot."

D'Nicole kënnt an de Living, sëtzt sech an eng Fotell a waart op eng Äntwert vum Abbes. Deen hat et sech just virdru bei der Televisioun gemittlech gemaach, et leeft e Futtballsmätsch, hien ass ganz bei der Saach a seet guer näischt.

"Do musse mer e Cadeau maachen. Mir kënnen eis dach net huele loossen."

"Si mer da schonn invitéiert?"

Den Abbes schéngt endlech kapéiert ze hunn, ëm wat et geet.

"Du bass dach de Pätter. Déi wäerte schonn net vergiessen, dech z'invitéiren."

"Ma dat ass dach nach laang. Déi hu bestëmmt eng Lëscht an engem Geschäft."

D'Nicole stellt sech tëschent den Abbes an d'Televisioun, sou datt hien näischt méi vum Futtballsmätsch gesäit.

"Et geet domat net duer."

Den Abbes kuckt eng Kéier grouss.

"Ech brauch en neie Rack. Verstees de? Ech hunn deen ale schonn iwwer fënnef Joer. Ech hat e fir dem Pierre seng Hochzäit kritt. Deen doen ech net méi un."

D'Nicole huet dat alles ganz iwwerzeegt gesot. Gewéinlech ass nawell mat him eens ze ginn, mee wann et esou schwätzt, dann ass näischt ze maachen, da muss et goen, wéi hatt et gären hätt. Den Abbes wëllt och haut net streiden.

Mee d'Nicole gëtt sech nach net.

"En Dënschdeg fuere mer op Tréier!"

Jësesmariajousebett! Si fueren also den nächsten Dënschdeg op Tréier. Et ass net esou, datt den Abbes net gäre matféiert. Et ass schéin zu Tréier an et kann ee ganz gutt do iesse goen. Mee mam Nicole akafe goen, dat ass eng wierklech Kujenat. Hatt rennt aus engem Geschäft an dat anert, bleift iwwerall stoen, probéiert hei an do eppes un, fir zum Schluss awer näischt ze fannen.

"Ech brauch dech fir ze kucken, ob et mer mooss ass", seet d'Nicole nach ier et rëm an der Kiche verschwënnt. Dat ka jo schéi ginn! Soss huet den Abbes alt mol en Trick gebraucht, fir net bräichte mat an d'Geschäfter ze goen. Si hunn e Rendez-vous ofgemaach an den Abbes ass an der Tëschenzäit een huele gaangen. De Lëtzebuerger Béier ass gutt, mee de Bitburger ass awer och net schlecht. Dës Kéier schéngt dat awer net ze goen.

Si kommen dënschdes moies géint zéng Auer beim Kaufhof zu Tréier un. Den Abbes kennt de Wee well auswenneg. Si parken den Auto dohinner a ginn duerch d'Geschäft an d'Foussgängerzon. D'Nicole geet nach kuerz an d'Abteilung "Damenbekleidung" eran. Et schéngt näischt Schéines do ze sinn, hatt ass ganz séier fäerdeg.

Duerno kënnt dann dat, wat den Abbes gefaart hat. Et geet aus engem Geschäft an dat anert, d'Rolltrap erop, d'Rolltrap erof. D'Nicole moosst an engem Geschäft eleng dräi Räck un. Eng Kéier ass en ze grouss, dann ass en ze kleng, da passt d'Faarf net, dann ass de Stoff net gutt. No zwou Stonnen huet den Abbes es genuch.

"Sou, lo geet et duer! Lo gi mer iessen!"

Si ginn an e Restaurant, net wäit vum Tréirer Doum wech. Si hu scho méi dacks do giess. D'Nicole bestellt eng Zalot an den Abbes kritt en "Hirschbraten mit Pfifferlingen". En ass net gutt. D'Preise kachen zevill mat Ram an den Abbes verdréit dat net méi.

Nom Kaffi erkläert d'Nicole dem Abbes, wou se nach iwwerall missten higoen. Dat ka jo nach schéi ginn.

Mee dat geet alles ganz aneschter.

Wéi se rëm zréck an d'Foussgängerzon ginn, bleift d'Nicole op eemol virun engem klenge Kleederbuttek stoen.

"Dat do ass et", seet et nach zum Abbes, an dann ass et am Buttek verschwonnen. No

Pol Pütz

zwou Minutte kënnt et erëm eraus. Hatt ass zimlech opgereegt.

"Komm ran! Dat ass d'Kleed! Dat do oder keent!"

Et ass e wonnerschéinen Ensembel aus grénger Seid. De Blazer mat engem Revers-Col huet agesaten Täschen a Knäpp, déi mat Stoff iwwerzu sinn. Hien huet Dräivéirels-Äerm mat enger klenger Spléck. Dorënner e Rack "Forme Princesse", sou erkläert d'Vendeuse, an deen een ass an d'Taille geschafft. Den Abbes kuckt op de Präis.

"O vreck, eelefhonnertfofzeg Euro. Ma duerfir hätte mer awer net missen op Tréier kommen!"

D'Nicole mécht, wéi wann et näischt héiren hätt.

"Véierzeg-zweeavéierzeg! Ma dat ass jo och nach just meng Mooss!"

D'Nicole ass begeeschtert. Hatt geet an d'Kabinn, fir unzemoossen. No e puer Minutten kënnt hatt eraus.

"En ass mer ze kleng, ech kréien en net un."

Hatt ass wéi zerschloen.

"Ech verstinn dat net, véierzeg-zweeavéierzeg, dat ass dach meng Mooss."

"Dat wor deng Mooss", seet den Abbes. "Ech hat der jo gesot, du häss fatzeg zougeholl, du hues mer et jo net gegleeft."

D'Nicole steet do, wéi wann d'Hénger em d'Brout geholl hätten.

"En ass awer esou schéin. Ech loosse mer en e bëssche méi grouss maachen. Eng gutt Néiesch bréngt dat fäerdeg."

Den Abbes gëtt ongemälleg.

"Dat hält dach net, herno fiert en an der Säitennout futti. Du has dat dach schonns."

"Ech huelen en awer mat, dann huelen ech einfach of. Da gëtt Regim gemaach."

Lo geet et dem Abbes awer duer.

"Ma du wäers dach net hei eelefhonnertfofzeg Euro wechginn fir e Kleed, wat der net mooss ass."

Dat schéngt souguer der Vendeuse anzeliichten.

"Ein größeres Modell haben wir leider nicht", seet d'Meedchen.

Hatt waart en Abléck a wéi kee méi eppes seet, paakt hatt d'Kleed rëm an.

Si ginn zréck an de Kaufhof den Auto sichen. D'Nicole ass bleech am Gesiicht a seet kee Wuert. Och dem Abbes ass et net gutt, hien huet den "Hirschbraten mit Pfifferlingen" wierklech net gutt verdroen.

Deen aneren Dag seet d'Nicole, hatt géif elo Regime halen, et misst ofhuelen.

Den Abbes kennt dat ewell, si haten dat schonn eng Kéier zesumme probéiert, et hat net laang gedauert.

Mëttes geet d'Nicole, sou wéi fréier, nees eng Kéier an de Gréngewald lafen. Hatt mengt et also eescht. D'Rees op Tréier wor alt wéinstens fir eppes gutt.

No enger Woch reklaméiert den Abbes wéinst dem Kascht. Hie géif jo schliesslech kee Regime halen. D'Nicole ass net kleng ze kréien, an den Abbes geet fir d'éischte Kéier zanter laangem mol rëm eleng an de Restaurant iessen. D'Nicole protestéiert net, dat ass schonn e klengt Wonner.

Am Ufank hat den Abbes gemengt, d'Nicole géif dat alles op sech huelen, well et eppes wëllt fir seng Gesondheet maachen. Mee eng Kéier verréit hatt sech:
   "Ech hu well zwéi Kilo ofgeholl, an dräi Kilo, dat ass eng Kleedermooss!"
   Lo ass et dem Abbes kloer: Et geet dem Nicole net fir seng Gesondheet. Hatt huet de Rack vun Tréier nach net opginn. Hatt hëlt just of, fir an dee Rack do ze passen.

No e puer Wochen ass et dunn och souwäit.
   "Komm, mir fueren op Tréier kucken, ob de Rack nach do ass!"
   Den Abbes hat dat do gesi kommen.

Dës Kéier ginn se a keng aner Butteker kucken, mee d'Nicole geet poulriicht an dat klengt Geschäft an der Foussgängerzon. Den Abbes leeft hannendrun.
   Si kommen an de Buttek, et ass eng aner Vendeuse do, an d'Nicole huet e bëssche Problemer fir z'erklären, wat et gären hätt.
   "Ich komme schauen, ob das Kleid noch da ist. Es ist so ein Ensembel aus grüner Seide. Es besteht aus einem Blazer mit eingesetzen Taschen. Es hat Dreiviertelsärmel mit so einer kleinen Spléck. Der Rock ist so eine Art 'Forme Princesse' und ist in die Taille verarbeitet."
   D'Nicole kuckt den Abbes onglécklech un, wéi wann et sech wëllt fir säi schlecht Däitsch entschëllegen.

"Ich weiß nicht, von welchem Kleid Sie reden", äntwert d'Vendeuse.

"Jo", seet d'Nicole. "Als wir das letzte Mal hier waren, war auch eine andere Frau da, so eine kleine Blonde."

"Ja, das war die Anke, aber die kommt erst um elf Uhr."

D'Nicole zéckt een Abléck.

"Ja, dann werden wir um elf wiederkommen."

Den Abbes proposéiert, fir an der Tëschenzäit an de "Bit" een huelen ze goen.

Um eelef Auer ass d'Anke am Buttek, d'Nicole an den Abbes och. D'Anke kann sech och nach un d'Nicole an un de Rack erënneren.

"Es tut mir leid, aber den hab ich verkauft, an eine Luxemburgerin. Der war ja auch ziemlich preiswert."

Den Abbes fënnt, dat do wier eng Frechheet, mee d'Nicole kritt dat net mat, hatt ass schonn zur Dier eraus.

Dës Kéier ginn se net zu Tréier iessen. Den Abbes huet och keng Loscht méi op "Hirsch-braten mit Pfifferlingen". Si fueren direkt heem.

E puer Deeg schwätzt d'Nicole net méi vum neie Rack, mee nëmmen e puer Deeg.

"Wéi wier et, wa mer mol nees eng Kéier op Metz géife fueren. Mir wore well laang net méi do. Fiers de mat?"

D'Nicole ass vill méi gemälleg ginn. Op Metz fiert den Abbes gäre mat. Metz ass eng schéin al Stad mat vill Gréngs a villen enke Gaassen. Da gëtt et natierlech och nach dee gudde Fëschrestaurant, direkt vis-à-vis vun de Galeries Lafayette.

Si sinn sech séier eens, muer fueren se op Metz.

"Mee ech lafen awer net méi mat duerch all d'Geschäfter", seet den Abbes nach.

Et ass e schéine Summerdag, et sinn net vill Camionen op der Autobunn, si komme ganz gutt virun. Si stellen den Auto op de Parking vun der Place de la République.

"Du kanns awer mat bis an d'Galeries Lafayette goen", seet d'Nicole. "Ech brauch dech, wann ech umoossen."

Den Abbes wëllt nach ripostéiren, mee d'Nicole ass schon iwwert d'Stroos.

An de Galeries Lafayette sinn net vill Leit an et ass eng grouss Auswiel vun Damme-kleeder do, dat fënnt jiddefalls d'Nicole. En donkelrout Kleed huet him et besonnesch ugedoen.

"Je peux vous aider?"

D'Vendeuse ass ganz frëndlech.

"Quelle est votre taille, Madame?"

"Quarante-quarante-deux", seet d'Nicole ganz houfreg.

D'Vendeuse bréngt d'Kleed fir unzemoossen. D'Nicole hält et virun sech.

"Ma dat do ass dach vill ze enk, do ginn ech jo net dran."

"Dat sinn déi franséisch Moossen", seet den Abbes. "Déi franséisch Frae si vill méi schlank wéi déi lëtzebuergesch."

D'Nicole ass opbruecht.

"Wéivill muss ech dann nach faaschten, fir hei e Rack ze kréien."

Hatt sicht nach e puer aner Räck eraus, mee et ass näischt ze maachen. Déi Räck, déi him gefalen, sinn em net mooss, an déi em mooss sinn, déi gefalen him net. A sou e schéine Rack wéi dee vun Tréier wier souwisou net derbäi, mengt d'Nicole. Hatt ass rosen a wëllt direkt heemfueren. Do ass den Abbes awer net mat d'accord. Ouni seng Austeren fiert den Abbes net heem, dat wor nach all Kéier sou. Dës Kéier muss d'Nicole noginn.

Wéi d'Nicole e puer Deeg duerno op Arel wëllt fueren, fir do no engem Kleed ze kucken, fiert den Abbes net méi mat.

"Et geet elo duer! Wann s de wëlls en neie Rack kréien, da muss de kucken, datt s d'ee kriss, awer ouni mech."

D'Nicole iwwerzeegt seng Cousine Simone fir matzefueren. Déi zwee si scho viru Mëtteg nees doheem.

"Hues de kee Rack fonnt?", freet den Abbes.

"Neen", äntwert d'Nicole. "Et woren der do, mee kee sou schéi wéi dee vun Tréier."

Déi nächst Wochen sinn d'Simone an d'Nicole déi ganzen Zäit ënnerwee. Si fannen dann och e Rack, en ass aus bloer Seid an e staamt aus engem Supermarché rondrëm d'Stad.

"Ech fannen e schéin", seet d'Nicole, "mee en ass net sou schéi wéi dee vun Tréier."

Den Abbes seet och, e wier schéin, mee heemlech ass et him well ganz egal.

D'Hochzäit kënnt, si sëtzen an der Kierch, et sinn ëm déi achtzeg Inviteeën do, d'Uergel spillt, d'Braut kënnt an d'Kierch mat hirem Papp, et ass wierklech eng schéin Hochzäit. Hei op eemol stéisst d'Nicole den Abbes an d'Säit.

"Kuck mol do vir, deng Cousine Monique!"

Den Abbes kuckt riwwer. Hei, do sëtzt seng Cousine Monique, a wat huet hatt un? Dem Nicole säin hellege Rack vun Tréier.

"Ech ginn heem!", seet d'Nicole.

Den Abbes gëtt béis.

"Bleifs de wuel hei!"

"Ma hatt ass dach méi déck wéi ech. Wéi kënnt dat an dee Rack?"

D'Nicole kacht vu Roserei. Den Abbes gesäit him de Gascht am Gesiicht of.

"Hatt kann dach net derfir", seet den Abbes, mee d'Nicole ass net ze zëssen:

"Hatt passt net dran."

Wéi si no der Mass aus der Kierch ginn, steet den Abbes een Abléck niewent dem Monique. Hie kuckt eng Kéier méi genee a pëspert dem Nicole eppes an d'Ouer. D'Nicole geet op d'Monique lass.

"Moie Monique! Wéi geet et? Wat hues du e schéine Rack!"

An da seet et ganz lues zum Monique:

"Däi Kleed ass an der Nout futti gefuer. Et gesäit een däi Läpp."

D'Monique ass erféiert:

"O mäi Gott!"

D'Nicole seet näischt méi. Hatt hëlt den Abbes an den Aarm a geet houfreg aus der Kierch eraus, a sengem neie Kleed, aus bloer Seid, aus engem Supermarché rondrëm d'Stad.

Et gëtt och nach e ganz flotten Dag. Si iessen a si drénke gutt, et gëtt och vill gedanzt a gelaacht, an owes spéit dierf d'Nicole souguer mam Auto heemfueren.

,MOIE MONIQUE! WÉ GEET ET? WAT HUES NICOLE SOUGUER MAM AUTO HEEN

Jérôme Netgen
| Postkarten aus Anderswo

Haiku –
House of fancy
dozing there, it
was all mine.
Basho

Geschichte und Ort zusammendenken –

"Der Ort hatte ein Vetorecht gegen die von der Disziplin und von der arbeitsteiligen Forschung favorisierte Parzellierung und Segmentierung des Gegenstandes. Der Ort hielt den Zusammenhang aufrecht und verlangte geradezu die gedankliche Reproduktion des Nebeneinanders, der Gleichzeitigkeit der Ungleichzeitigkeit. Der Bezug auf den Ort enthielt insgeheim immer ein Plädoyer für eine *histoire totale* – ..." (K. Schlögel)

Geschwindigkeiten –

"C'est pas la peine de faire du stop, vous y serez avant nous", meint die Frau im Feierabendstau gut gelaunt und wendet sich wieder ihrem Beifahrer zu. Die ominöse Grenze, ein Nicht-Ort – "flagrant et nul" (K. White). Dessen Beschreitung: ein Ritual. Seine Überquerung: ohne Sinnfälliges. "Etang de pêche ARE" steht auf dem Schild; der Weg dorthin führt rechts von der Straße ab bergan. Irgendwo wird daraus ERA.

Räumliche Imagination –

Im Museum der guten Ideen und imaginären Lösungen, dem so genannten "Bierfilzarchiv", zeichne ich zwei parallel verlaufende Linien. In der Mitte gibt es einen Knick, wie bei einem Abflussrohr. Daneben kommt ein leeres Rechteck, in das ich ein Kreuz zeichne. Das Diagramm (oder ist es ein Eidolon?) verblüfft die Fachwelt. Als hätte Beuys mit drei Kreidestrichen die Entropie dargestellt.

"Die Zukunft der herrlichen Trostlosigkeit" –
"Die Freibäder in Oberkorn und Düdelingen können nicht darüber hinwegtrösten, dass ausgerechnet in der einwohnerstärksten Ortschaft des Landsüdens eine solche Einrichtung fehlt. (...) Die Kontakte mit den französischen Gemeinden würden aber weitergeführt – und so bleibt die Hoffnung, dass die Ära, die vor 80 Jahren mit einem Badeweiher begann, doch noch eine Zukunft hat." (Simone Heiderscheid, *Tageblatt*, September 2006)

So to speak –
Meine Grenze ist längst in die Grube gefahren. Sie wirkt meist müde und konzeptlos. Um nicht zu sagen: grenzdebil. An solchen Tagen hält sie nicht genug Umwege bereit, damit man sich in ihr verlieren, verirren und wiederfinden kann. Als Ur-Text hat sie die letzte Eintragungsmöglichkeit (ins Goldene Buch) ganz einfach verschlafen.

Espace temps –
"Es gibt (...) ein sanftes Dahinschweben abseits der Zeitläufte, jenes Verträumte, Schlummernde von Dingen und Orten, die in eine andere Verlaufsform gezwungen sind, nicht mehr der *espace temps* unterworfen, sondern einer Dauer teilhaftig, in der das Geschichtliche Hautschicht für Hautschicht abgestreift wird. Als wüchse es sich aus. Die letzte Faser, mit der sie an der Gegenwart festhingen, ist dabei, sich abzulösen; sich selbst überlassen, fallen sie mit jedem neu aufgeschlagenen Kapitel der Geschichte in eine tiefere Vergangenheit hinab." (Langen/Scheutle: LAST & LOST)

Nicht Patagonien, nicht die Extremadura –
Auf meiner topographischen Karte von Esch-sur-Alzette & Umgebung (1:20 000, levés de 1952, révisés sur le terrain en 1987) sind mir die befestigten Fahrradwege, die Straßen-

Jérôme Netgen

einschnitte, Aufschüttungen und Anschlussgleise nicht so relevant. Es sind die Flurnamen, die als "invitation au voyage" ("au pays qui te ressemble") gelten: Bois des Quatre Seigneurs, La Fosse au Diable, Fond de la Pierreuse, les Grands Champs, *Fuusselach*, *Kazebierg* ...

Letzte Hand –

Ein Wort zu dem hymnischen Spätwerk über die "Grenze": Im alphabetischen Verzeichnis der Gedichtanfänge (in der Ausgabe letzter Hand) ist lediglich ein Eintrag vermerkt. Er lautet: ------------------------------. Hymnologische Untersuchungen zur Quellenlage des mehrdeutigen Verses verliefen ergebnislos. Auch die Google-Search brachte keine nennenswerten Resultate. So konnten die Plagiatvorwürfe weder entkräftet noch erhärtet werden. Wir müssen davon ausgehen, dass der Dichter sein Geheimnis mit ins Grab genommen hat, als er sein Ladegerät wie Empedokles seinen Schuh am Rande dieser Kraterlandschaft zurückließ.

Krücke (I) –

Die Rätselgestalt der Welt zeigt sich an ihrer müden Peripherie, wo nur noch das Verschwinden (scheinbar) von Dauer ist. "Was nie geschrieben wurde, lesen" (W. Benjamin). Auch hier – nicht nur in Paris, in Marseille, in Moskau und Neapel! "Als Einheimischer zum Bild einer Stadt zu kommen, erfordert andere, tiefere Motive. Motive dessen, der ins Vergangene statt ins Ferne reist." (...) "Die Stadt als mnemotechnischer Behelf des einsam Spazierenden, sie ruft mehr herauf als dessen Kindheit und Jugend, mehr als ihre eigene Geschichte." (W. B.)

Grenzerfahrungswerte –

In meiner Stammkneipe rechnet jemand mir aus, dass, wenn ich die fünfzehn Jahre seit Eröffnung des Lokals im Durchschnitt eine Stunde am Tag dort verbracht habe (was nicht auszuschließen ist, aber noch bewiesen werden muss!), ich locker auf 228 24-Stunden-Tage Kneipenaufenthalt komme – ziemlich auf den Tag genau die durchschnittliche Schwangerschaftsdauer beim Schimpansen. Ich kann mich während der wickelmumienähnlichen Starre, in der ich die meisten Stunden meiner längst verflogenen Jugend verbracht habe, und die wenig von der heiß umkämpften Schönheit werdenden Lebens an sich hatte, an kein einziges Gespräch über Grenzen, unsichtbare wie geschichtsnotorische, hinderliche wie absichernde, erinnern. Unterbrich mich nicht, ich schweige! So geht es nicht voran. Vom Kneipenhocker aus ist es aber nicht weit bis zur Grenze – höchstens 'n Kilometer. Ich bin sozusagen die ganze Zeit im Stand-by gewesen.

Korallenriff –

Dem "Annuaire professionnel 2007" nach gibt es in Esch-sur-Alzette, der *cité ardente*, 8 (acht) Tankstellen, verteilt über das ganze Stadtgebiet. Im Straßendorf Rombach-Martelange dagegen gibt es deren 13 (dreizehn), aufgereiht wie auf einer Perlenschnur.

Ein Korallenriff fluoreszenter Tankstellen. Aus der Vogelperspektive sehen sie aus wie Drive-by-Kirchen in der Wüste Nevadas.

Draußen –
Jemand will gehört haben, sie hätten den Tourbus der World-Musikanten an der Grenze gefilzt. Deshalb die mehr als einstündige Verzögerung. Ich kann's nicht glauben: in Odt? Neiiiiin, natürlich nicht, du Depp! Weiter draußen, irgendwo vor den Festungsmauern.

Interpretationsbesteck –
Die Pinkerton-Detektive sind alle arbeitslos; sie fahren zum Schmetterlingefangen in die Berge; und kehren zurück, geläutert & selbstbewusst. – Reinhold Messner hat sie einen ganz anderen Grenzbegriff gelehrt ... und das passende Interpretationsbesteck (leicht zu handhaben, feuerfest, umweltverträglich) gleich mitgeliefert.

Balkonien, all-inclusive –
Die Grenzbegehung & -erfahrung ist im Preis nicht enthalten. Taxen können problemlos am Empfangsschalter des Hôtel de l'Univers bestellt werden. Der Fahrpreis sollte vorsichtshalber mit dem Taxifahrer im Voraus geklärt werden.

State of the art –
Keine Nostalgie. Kein Gefühlskitsch. Keine Sozialromantik. In einer "globalisierten", "beschleunigten", "ungleichzeitigen" (sparen wir uns das "schnelllebig", schon allein wegen der drei "l") Welt ist die Grenze anderswo, ubiquitär in ihren jeweiligen Befestigungen. In den Wirtschaftsmetropolen wird mehr "Grenze" gemacht als an diesem popeligen Nicht-Ort je zu sehen war, du Butzenscheibenromantiker!

Aphorismus (Krücke II) –
Wo Industrieruine und Natur sich gute Nacht sagen, erklingt das Pidgin der Geschichte.

Nur Bahnhof –
"L'étendue maximum de ce champ spatial ne dépasse pas l'ensemble d'une grande ville et de ses banlieues. Son étendue minimum peut être bornée à une petite unité d'ambiance: un seul quartier, ou même un seul îlot s'il en vaut la peine (à l'extrême limite la dérive statique d'une journée sans sortir de la gare Saint-Lazare)." (G. Debord, Théorie de la dérive)

Impressionismus –
Libellensommer im hohen Gras; zerbröckelndes azurblaues Schwimmbecken; rostrote Rutsche im Brenn-Nessel-Meer; Hinweisschilder auf gewesene Hochspannungen; Grasnarben und Geröllwüsten; toxische Furchen und leere Betonräume. Saturnische Lichtkleckse. So könnte Angkor Wat jetzt aussehen, hätten die Roten Khmer durchgehalten. (Na, jetzt übertreibst du aber!)

Wette –
Von Esch nach Gibraltar und zurück – in einer Woche. Mal andere Grenzen sehen! Finis Terrae! Vom Galgenberg zum Affenfelsen – "da weiß man nachher wieder, was man hat!"

Lichtdramaturgische Notizen –
– imaginärer Raum – "einleuchten" – Geschichten des Lichts – variable Lichtstimmung – dramatisches oder formales Bühnenbild – "das Auge führen" – Lichtgasse – Licht "kollabiert" – ein guter Lichtplan funktioniert mit vielen Lichtquellen: Frontlicht, Kopflicht, Profillicht, Gegenlicht, Hinterlicht ...

Le spectacle de terre invasion était devenue l'arrivation culminante des familles de la Grande Région naissante. On arrivait d'Arlon, Esch-sur-Alzette, Briey, Montmédy, Thionville, Metz, Forbach, Sarreguemines, Trêves ou Sarrelouis pour voir les gros avions et les petits Américains.

FRANÇAIS DE L'INTÉRIEUR

Jacques Gandebeuf

| Comment devenir européen quand on est Français de l'intérieur

Auvergnat et fier de l'être, je n'avais qu'une vague idée de la Grande Région quand je débarquai à Metz au début de l'année 1966. D'ailleurs, elle n'existait pas encore. Enfin, je veux dire qu'on n'avait pas encore trouvé un nom à ce gros morceau de Benelux gonflé d'Europe dont les bourrelets recouvraient déjà la Sarre et la Lorraine.

De cette terre sans arrêt brutalisée depuis l'arrivée des Barbares au Ve siècle, je n'avais gardé en mémoire qu'une brassée d'images assez hard, de celles qui frappent l'esprit des écoliers: le coup de sang de Clovis pour une histoire de vase, la crinière de Brunehaut traînée pendant trois jours à la queue d'un cheval, ou le pieux sourire de Louis le Débonnaire crevant les yeux de son cousin Bernard... Mais j'ignorais que sous les horreurs de ce polar haut-médiéval, il pouvait se cacher un conte de fées. C'est ici que j'ai appris l'Europe.

En réalité, je n'étais pas le premier à me sentir troublé par la Lotharingie. La rivière Moselle m'avait devancé... Il y a trois millions d'années, alors qu'elle coulait, depuis la nuit des temps, vers la Meuse, elle avait bifurqué sur un coup de tête pour se diriger vers le Luxembourg... Un géologue nommé Davis avait analysé bien plus tard ce divorce tellurique. Si la Moselle avait choisi de se jeter dans les bras du Rhin, elle devait avoir ses raisons.

Les Lorrains furent si flattés de voir que leur rivière avait du caractère qu'ils lui empruntèrent son nom. Devenus des mosellans avec un M minuscule, ils se glissèrent doucement dans son lit pour laisser leur imagination naviguer sur son cours en direction du nord. Nul doute qu'en amont, ils se sentaient un peu coincés dans les faux plis de l'hexagone alors que vers l'aval, ils savaient qu'ils bénéficieraient d'un peu plus d'air un jour. La preuve qu'ils en gardent encore conscience, c'est qu'ils n'ont pas modifié le regard distancié qu'ils portent sur leurs compatriotes. Bien qu'ils soient devenus des Mosellans avec un M majuscule, ils continuent d'appeler "Français de l'intérieur" les gens comme moi qui viennent de l'extérieur.

Je ne m'étais donc pas trompé en arrivant ici. Cette région d'Europe était un centre de gravité vers lequel convergeaient des courants invisibles. J'en eus bientôt l'illustration... dans les avions. A l'époque, une compagnie islandaise avait plusieurs vols par semaine Luxembourg-New York et j'en usai souvent pour mes reportages. Or dès que le DC 8 de Loftleidir avait quitté Kennedy Airport, une hôtesse arrivait dans l'allée avec un gros paquet de journaux français. En fait, c'était mon journal, le "Républicain Lorrain" et un confrère luxembourgeois. Je n'étais pas fier de lire au-dessus du Groënland l'article encore chaud que j'avais téléphoné la veille.

L'aéroport du Findel était à l'époque un rêve rustique. Il tirait certes un petit prestige de sa nouvelle clientèle américaine mais n'en abusait pas. Les demoiselles des guichets parlaient déjà quatre ou cinq langues alors qu'à cinquante kilomètres tout autour, des filles du même âge, pourtant elles aussi frontalières, n'étaient pas toujours capables d'oublier leur platt au téléphone. Les jeunes hôtesses grand-ducales passaient ainsi du portugais à l'anglais, de l'islandais au français, du hollandais à l'allemand et du luxem-bourgeois à l'espagnol. J'étais bluffé. On vivait le début d'une mutation moderniste, à cent lieues des frimeuses d'Orly.

Ce va-et-vient serein, aux départs comme aux arrivées, se jouait dans une lourde odeur de kérosène, avec pour toile de fond des baraquements pisseux dont le bois gorgé d'humidité s'offrait des reflets cuivrés quand le soleil était de retour.

On reconnaissait facilement les voyageurs de la future Grande Région, à l'arrivée du DC 8 de Reykjavik. Qu'ils fussent Luxembourgeois, Belges, Sarrois ou Lorrains en sortant du sas des passeports, ils tenaient tous élégamment par la queue, comme on le fait d'un bouquet de fleurs, la moitié d'un saumon fumé de 60 centimètres, langé dans son étui transparent et découpé dans sa longueur. A l'époque, ces malins d'Islandais n'avaient pas encore augmenté leurs prix.

Jacques Gandebeuf

Deux ou trois centaines de jeunes routards américains suivaient notre vague régionale en réajustant leur sac à dos. Eux, ils n'avaient pas de saumon au bout des doigts mais seulement des cartes routières. Les paupières bouffies sous l'effet du décalage horaire, auquel il fallait ajouter celui des deux ou trois godets de "brennivin" offerts au-dessus de l'Ecosse, ils s'engouffraient dans les bus pour gagner la gare de Luxembourg-ville, prenaient le premier autorail sur Metz et sans même le temps d'aller visiter la Cathédrale, filaient en stop autoroutier vers Rome, Genève ou Paris.

Le spectacle de cette invasion était devenue l'attraction dominicale des familles de la Grande Région naissante. On arrivait d'Arlon, Esch-sur-Alzette, Briey, Montmédy, Thionville, Metz, Forbach, Sarreguemines, Trèves ou Sarrelouis pour voir les gros avions et les petits Américains.

Ayant appris entre temps les blessures que la guerre et les annexions avaient laissées dans la tête des Belges, des Mosellans et des Luxembourgeois, n'ignorant pas non plus les méditations qu'elles avaient dû déposer dans celle des Sarrois, je comprenais que le petit aéroport de Luxembourg était en train d'ouvrir, dans l'imaginaire ratatiné de la vieille Lotharingie, un petit boulevard vers le futur. Quel futur au juste? On verrait plus tard.

Le Findel devenait l'un des centres du monde. Qu'ils soient blancs, noirs, jaunes ou rouges, ces visiteurs américains avaient moins de trente ans pour la plupart et ne ressemblaient pas au touriste habituel des USA. Tout comme, au pied de l'échelle, leur copain Armstrong mettrait, quelques années plus tard, un pied sur la lune, ils venaient de poser tranquillement un basket sur l'Europe. La modestie de leur équipement n'avait rien de commun avec le confort branché des bourgeois des grandes lignes. Ils arrivaient par l'Islande, tout bêtement parce que la ligne était moins chère, et s'étonnaient des proportions du Grand-Duché... 80 km sur 60, au plus large! Où que l'on aille, une demi-heure de voiture suffirait pour buter sur une frontière. Si on avait dit alors aux Américains que cette marquetterie lilliputienne était au cœur d'une Grande Région, ils auraient été fort surpris.

Plus tard, un Mosellan m'avait raconté ce qu'il ressentait devant ces cohortes sympathiques. En fait, il brûlait d'envie de leur expliquer ce qui s'inventait par ici, mais se l'interdisait, sachant depuis longtemps que les Américains ignoraient le reste du monde. "Ah! Si vous saviez, jeunes gens, dans quel endroit vous mettez les pieds! Vous êtes au cœur de l'Europe."

A l'époque, il avait raison. Je vous rappelle qu'on était dans la deuxième moitié des années soixante. Le sentiment continental s'installait doucement dans les esprits, en Belgique, en Hollande, au Grand-Duché, en Sarre et en France. Les gens s'y sentaient au lieu géométrique de quelque chose de nouveau, ils se voyaient en premiers de cordée, doucement engagés sur une passerelle vers le futur, même si tout le monde savait déjà que les Anglais en savonneraient la planche.

S'il le fallait, on se passerait des Anglais en attendant qu'ils changeassent d'avis. On ne savait pas que les crises du charbon et de l'acier doucheraient bientôt le beau rêve.

Il ne faut pas plus de trois mois au "Français de l'intérieur" résidant aujourd'hui en Moselle pour se sentir devenir Européen. A condition qu'il en ait envie. Mais en 1966, c'était encore une découverte. De Metz, en partant à l'aube avec une bonne voiture, on pouvait certes prendre son café-pain-beurre dans un bistrot d'Arlon, une jolie chou-croute au buffet de la gare de Luxembourg et une bonne bière à Sarrebruck, sans rater le soir son journal télévisé. A Bordeaux comme à Brest ou à Nice, on ignorait encore que dans l'Est, la plupart des douanes, entre la Belgique, le Grand-Duché, et la Sarre, étaient bouclées à double tour. Elles ressemblaient à des hangars désaffectés, devant lesquels les Français ne pouvaient s'empêcher de s'arrêter, de peur qu'un gabelou ne restât planqué derrière les volets. Car chez nous, on avait du retard et les Mosellans le savaient! Un douanier vérifiait encore la quantité d'essence de leur compteur, des fois qu'ils auraient eu l'intention de la payer un peu moins cher au Luxembourg, quelle curieuse idée... Le fonctionnaire marquait le chiffre sur un bout de papier tamponné qu'il fallait présenter au retour. Et si le compteur avait bougé, il réclamait la différence. Ce reçu des douanes, pour quelques litres d'essence, ce bout de papier minable écrit au crayon, fut ma première icône européenne. Il marquait la fin d'une époque absurde où tout Français, mosellan ou pas, se sentait obligé d'acheter du chocolat belge ou des Gauloises à 25 unités quand il traversait Luxembourg-ville.

Je vous raconte là des souvenirs d'il y a quarante ans. Beaucoup de signes ont changé depuis. Du Kirchberg au Findel, c'est plutôt Wall Street que des vitrines en chocolat... L'abord verdoyant de Luxembourg-ville est défiguré par un cordon d'autoroutes en boucle.

Malheur au Messin qui rate sa bretelle dans cet entrelacs surdimensionné car il se re-trouve en Belgique vite fait... Au bord de la Moselle, trois perches rabougries ont remplacé dans votre assiette les célèbres fritures à la bière qu'on vous servait généreusement à la pelle. Mais dès que vous oubliez ces désagréments divers, ce sont les mêmes villages paisibles, les mêmes bistrots tapissés de bois brun où il faut souvent grimper trois marches, les mêmes conversations qui démarrent mollement à l'Elbling bien frais, mais dont le ton se met à monter subitement de cinquante décibels, sans se donner le mot, avant de retomber comme un soufflet. Les randonneurs se disent toujours bonjour dans la Mullerthal ou l'Oesling. Les vignerons de Schengen vous avouent toujours en rigolant qu'ils ont la moitié de leurs vignes en France et le tabac de la Semois garde ses amateurs jusqu'à Nancy. En Allemagne, Sarrelouis distille toujours ses manières grand siècle et les ménagères de Sarreguemines, quand elles vont aux provisions avec un panier sous le bras, prennent le train pour l'Europe, même s'il ne va pas plus loin que Sarrebruck.

Les citoyens de la "Grande Région" la découvriront un jour en touristes, au lieu de devoir, pour gagner leur vie, franchir mentalement des frontières qui n'existent plus.

Die innere Zwietracht zwischen der innerer Selbstaufgabe und dem absurden Glauben, zu allem und jedem
eine passende Geschichte finden zu können, machte sich bemerkbar.

Ich kam mir lächerlich vor. Natürlich fiel mir häufig etwas ein, das war mein Beruf.
Aber musste ich dafür einen ganzen Tag opfern? Erst kürzlich hatte ich einen Film

geschrieben, in dem Eishockey eine Rolle spielte, ohne jemals in einem Stadion gewesen zu sein.

Erhard Schmied
| Luxemburg sehen und sterben?

Seit ich schreibe, bin ich auf der Suche nach Geschichten, die mein eigenes Leben nicht kennt. Nicht immer fällt mir etwas Originelles ein. Natürlich, es gibt Weisheiten, dramaturgische Allgemeinplätze. Ideenlosigkeit, heißt es da, sei ein Rechercheproblem, aber in welche Richtung soll man suchen, wenn man gar nicht weiß, wonach?

Manche legen den Finger in diese Wunde. Ein Filmproduzent, der sich zum wiederholten Male darüber beklagte, dass ihm niemand eine überzeugende und kostengünstige Saar-Lor-Lux-Idee präsentieren würde, gehörte dazu.

Bei der Autorenehre gepackt und in Anbetracht des Schecks, der in der Ferne zu winken begann, verließ ich meinen Schreibtisch und fuhr von Saarbrücken aus Richtung Luxemburg in der Hoffnung, rechts oder links der Autobahn endlich etwas zu entdecken, das Anlass für eine solche Geschichte sein könnte.

Hinter Merzig gab ich die konzentrierte Stoffsuche auf, dachte an eine Fernsehsendung, an meine schmutzige Hose und daran, dass ich meinem Sohn versprochen hatte, einige neue Bücher für ihn auszuleihen.

In Remich hielt ich an einer Tankstelle und trank einen Kaffee. Ich wusste, manchmal half die Beobachtung einfachster Dinge, der Blick auf jemanden, der Zigaretten kauft, der Kühlwasser nachfüllt. Nach dem dritten Kaffee hatte ich mir eine erste Notiz gemacht: "Oma anrufen nicht vergessen!" Die innere Zwietracht zwischen deprimierter Selbstaufgabe und dem absurden Glauben, zu allem und jedem eine passende Geschichte finden zu können, machte sich bemerkbar. Ich kam mir lächerlich vor. Natürlich fiel mir häufig etwas ein, das war mein Beruf. Aber musste ich dafür einen ganzen Tag opfern? Erst kürzlich hatte ich einen Film geschrieben, in dem Eishockey eine Rolle spielte, ohne jemals in einem Stadion gewesen zu sein.

Ich ging zum Wagen und stieg ein, entschlossen, den Ausflug zu beenden. Als ich den Zündschlüssel umdrehen wollte, klopfte jemand an die Scheibe.

"Fahren Sie nach Luxemburg? Stadt, meine ich."

Ich starrte in zwei hellblaue Augen, die zu einer hübschen, wenn auch etwas bleichen jungen Frau gehörten. Sie hatte sich heruntergebeugt und lächelte durch das halbgeöffnete Fenster. Die langen, rot gefärbten Haare fielen ihr ins Gesicht. Vielleicht, schoss es mir durch den Kopf, sollte ich über einen Deutschen schreiben, der regelmäßig nach Luxemburg fährt, um Anhalterinnen in einem nahe gelegenen Wald ...

Ich nickte. Die junge Frau lief um die Kühlerhaube herum und stieg ebenfalls ein.

"Gibt nicht viel Busse hier, was?", fragte ich und startete den Wagen. Ich wusste, dass man mit den Menschen sprechen muss, um ihr dramatisches Potential zu entdecken.

"Geht so", sagte sie und schwieg. Ihre Jeans und ihre rosa Jacke waren mit Pailletten bestickt und verschlissen, was nicht recht zu ihren eher feinen Gesichtszügen passen wollte.

Ich stellte ein paar weitere Fragen, doch ihre Antworten blieben karg und waren nicht dazu angetan, meine Phantasie zu beflügeln. Ich fing an, mich über den Umweg zu ärgern.

Als wir Luxemburg erreichten, war noch immer kein weiteres Wort gefallen. Erst als ihr Handy klingelte, begann die junge Frau zu sprechen. Sie redete auf jemanden ein, hektisch, verstimmt, auf Portugiesisch, und während sie sprach, kehrte die Idee mit dem Deutschen und der Anhalterin zurück, die sich einer ihm unverständlichen Sprache bedient, was dem Stoff eine absurde Note geben würde.

"Es geht nicht", sagte sie, während sie das Telefon wegsteckte.

Ich sah sie fragend an.

"Dass Sie mich hier rauslassen, meine ich. Ich muss nach Esch."

Erst jetzt bemerkte ich, dass ihr ein Schneidezahn fehlte. "Es gibt doch bestimmt einen Zug."

"Bitte", sagte sie eindringlich und legte eine Hand auf meinen Arm.

Erhard Schmied

Ich betrachtete ihre schlanken Finger.

"Ich heiße übrigens Anna." Sie lächelte gequält. "Ich unterhalte mich auch mit Ihnen. Versprochen."

Ich spürte, wie ihre Hand zitterte. "Okay", sagte ich und kam mir, in einem Anflug literarischer Euphorie, vor wie einer dieser archaischen Helden, der sich auf eine Reise begibt, von der er nur geläutert zurückkehren wird – oder tot.

"Vorne rechts", sagte sie und zog ihre Hand weg.

"Was Schlimmes passiert?"

Anna schüttelte den Kopf. "Nur ein Freund. Wir müssen ihn abholen."

"Ich fahre aber nicht noch mal zurück. Nach Luxemburg-Stadt."

"Er braucht meine Hilfe", fuhr sie unbeirrt fort. "Eigentlich sollte er hier auf mich warten, aber ..." Sie brach ab.

Ich mochte ihren luxemburgischen Tonfall, diese Tristesse, die ich dabei empfand.

Wir fuhren an hässlichen kleinen Häusern vorbei, und ich stellte mir vor, wie Anna bald aus dem Wagen springen und hinter einer der Türen verschwinden würde.

"Sind Sie arbeitslos?"

"Wieso?"

"Weil Sie hier rumfahren. Einfach so."

Ich schüttelte den Kopf. "Ich bin ..."

"Ist auch egal", unterbrach sie mich. "Hauptsache, Sie sind keiner, dem die Phantasie durchgeht, bloß weil eine Anhalterin ins Auto steigt."

"Och ...", sagte ich.

Sie sah mich mit ausdruckslosen Augen an. "Was meinen Sie, was ich schon alles erlebt habe. Die meisten Deutschen, die mich mitnehmen, glauben, ich bin genauso billig wie unsere Kippen."

Als wir Esch erreichten, deutete sie auf einen jungen Mann, der an einer Bushaltestelle wartete. Auch er sah müde aus und auf eigenartige Weise dünn. Als er uns kommen sah, nahm er die Hände aus den Hosentaschen und ließ sich auf den Rücksitz fallen.

Anna schien überrascht, dass er eingestiegen war.

"Wo warst du so lange?", sagte der junge Mann verärgert, ohne mich zu beachten.

"Scheiße noch mal, du weißt doch, wie lange das dauert!"

"Na, los." Er tippte mir von hinten auf die Schulter. "Wir müssen."

"Sag bloß, Guy ist nicht mehr hier?"

Der junge Mann schüttelte den Kopf. "Er ist jetzt zuhause."

Anna drehte sich zu mir. "Also, ich weiß nicht, ob der Herr noch mal so freundlich ist ..." Sie zögerte. "Wie heißen Sie überhaupt?"

"Geschenkt", sagte ich.

"Geschenkt?" Anna schien darüber nachzudenken, warum jemand so heißt. "Wenn

Sie wollen, zeige ich Ihnen noch ein bisschen die Gegend", sagte sie kleinlaut. "Wollen Sie?"

Ein Deutscher, der sich an eine luxemburgische Anhalterin heranmachen will und plötzlich deren Freund im Wagen hat. Auch keine schlechte Variante.

"Thionville zum Beispiel ist immer eine Reise wert." Anna deutete nach hinten. "Das ist übrigens Serge."

Der junge Mann hatte sich zurückgelehnt, hielt die Augen halb geschlossen und musterte mich wie jemanden, der nicht hierher gehörte.

"Jetzt sag doch auch mal was!"

Serge antwortete nicht.

Anna sah mich entschuldigend an. "Sie haben doch nichts vor, oder?"

Ich zögerte einen Moment, dann fuhr ich zurück auf die Straße. Thionville war nun auch kein großer Umweg mehr. Es war nicht weit bis zur französischen Grenze. Niemand sprach. Serge dämmerte auf dem Rücksitz vor sich hin, und während Anna die Sonnenblende herunterklappte, fuhren wir an den leeren Grenzhäuschen vorbei.

"Er will jetzt siebenhundertfünfzig", brummte Serge nach einer Weile, ohne die Augen zu öffnen.

"Siebenhundertfünfzig?!", fragte sie entsetzt. "Soviel hab' ich nicht!"

"Dann müssen wir es eben besorgen."

"Von wem?"

Serge antwortete nicht. Anna drehte sich zu ihm um, und ich hatte das Gefühl, dass sie mich beide für einen Moment beobachteten. Sie begannen, sich leise auf Portugiesisch zu streiten. Ich verstand erneut kein Wort. Dann war das Gespräch zu Ende.

"Ich muss pissen", sagte Serge nach einer Weile.

"Musst du nicht!" Anna schien reichlich nervös.

"Ich muss."

"Ja, was denn nun?"

"Anhalten", befahl Serge. Sein Gesicht tauchte wieder zwischen uns auf, noch immer bleich und ausdruckslos. Er deutete auf einen Feldweg.

Der Wagen kam vor einer Pfütze zum Stehen. Im selben Moment erinnerte ich mich an eine Erzählung von Alberto Moravia. Ein Pärchen lässt sich von einem Taxi zu einer abgelegenen Stelle bringen, um den Fahrer wegen ein paar Lire zu ermorden.

Mir brach der Schweiß aus. Das war nicht die Recherche, die ich mir vorgestellt hatte. "Lasst uns doch alle eine Runde ... pissen", sagte ich tonlos.

Die beiden starrten mich an. "Keine schlechte Idee." Serge klopfte mir anerkennend auf die Schulter. "Pissen ist immer gut." Er zwängte sich nach draußen.

Anna fummelte zitternd eine Zigarette aus ihrer Jackentasche.

"Nicht im Wagen", sagte ich tonlos.

Anna zögerte einen Moment, dann stieg sie ebenfalls aus. Als die beiden auf dem Feldweg standen, raste ich los. Die offenen Türen folgten der Bewegung des Wagens wie lahme Flügel, bis sie sich in einer Kurve von selbst schlossen. Erst jetzt warf ich einen Blick in den Rückspiegel. Serge und Anna waren verschwunden.

Ich hielt an und drehte die Scheibe herunter. Die Luft war angenehm kühl. Ein Vogel zwitscherte. Ich war erleichtert, und doch überkam mich mit einem Mal eine eigenartige Leere. Ich hatte keine Waffe gesehen und sie dennoch gespürt, an meinem Kopf, meinem Hals. Vielleicht sollte ich darüber schreiben. Doch was für ein Film könnte das sein?

Nach ein paar Minuten wendete ich und fuhr zurück. Hinter der Kurve sah ich Anna und Serge noch immer auf dem Feldweg stehen. Sie taten nichts, stritten nicht einmal, standen einfach nur da, zwei traurige Gestalten, die jemand in die Landschaft gestellt hatte.

In einiger Entfernung hielt ich erneut an. Serge hatte wieder die Hände in den Hosentaschen und wirkte noch genauso verloren wie zuvor. Annas Pailletten glitzerten in der Sonne.

Ich merkte, dass auch sie mich beobachteten. Minutenlang geschah nichts, dann nahm ich mein Portemonnaie heraus, drückte aufs Gas, und als ich an den beiden vorbeikam, warf ich mein ganzes Geld aus dem Fenster, abgegriffene blaue und rote Scheine, die der Fahrtwind über die angrenzenden Felder wehte.

Als sie mit ihrem Henkelkorb in Remagen vor seiner Türe stand, spuckte er seinen Priem aus. "Dou?" Er schickte sie weg. Sie war doch nur so ein armes Ding. Madeleine schlich zurück in ihr Dorf hinter den sieben Hügeln. Nie wieder sollte Arch weit wor.de Weg!, sie es verlassen. Im Jahr darauf bei der Reidenbacher Michel vor Verdun.

Monika K. Böss
| Über dem Tal

Glutleer verliert sich ein Sommertag. Über braunen Schollen lagern schimmernde Nebel-falten. Ein Kirchlein aus unbehauenem Stein erhebt sich auf dem Hügel. Eindringlich läutet die Abendglocke. Im Talgrund duckt sich das Dorf.

Langsamen Schrittes bewegt sich eine alte Frau den schmalen Pfad zum Kirchhof hinauf; Conze Madeleine auf ihrem täglichen Gang.

Fette Buchen säumen den Wegrand. Staubige Erde. Unkraut zwischen den Steinen. Der Sommer war lang und trocken. An der Bank unterm Vogelbeerbaum hält sie an. Die Land-schaft verbirgt sich vor ihr. Schwach sind ihre Augen geworden. Doch jede Bergkuppe und alle Täler haben sich in ihre Seele eingegraben. Innere Bilder erzählen ihr die Welt.

Kahle Hügel, versprengte Wälder und ein Himmel – ganz weit. Der Boden taugt nichts. Ma-gerer Roggen wächst an viel zu steilen Hanglagen. Kümmerlich gedeihen die Kartoffeln.

Hirse bauten sie an und eine Geiß hielten sie im Gärtchen hinter dem Haus. Der Vater war als Maurer gegangen in die Städte unten am Rhein.

Conze Madeleine tritt ein in das Dorf ihrer Kindheit. Neunzig Jahre verbrachte sie hier und wieder schleppt sie sich den Hang hinauf – den Erinnerungen entgegen.

Alle liegen sie dort oben begraben, die mit denen sie jung gewesen war. Sie lehnt den Kopf an den Stamm der Miere. Die Rüschen an ihrem Totenkleid sind längst entfernt. Breite Borden nähte sie an. So verlangen es die Jahre. Tand und Spaß sind dahin.

Die Glocke ist verstummt. Abendstille. Der Lärm der neuen Straße im Tal erreicht nicht ihr taubes Ohr.

Bilder erscheinen. Boten aus ferner Welt. Wiegend und springend. Kuckucksruf aus dem Wald und im Gras die Anemonen. Barfuß gerannt. Steine im flachen Fluss. Kartoffelfeuer über den Hügeln. Und dann die Winter. Nicht enden wollten sie. Eisblumen blühten im Fensterkreuz. Der Vater war nicht zurückgekommen aus der Stadt am Rhein. Schweigend spann die Mutter den Flachs.

Von jenseits des Moores stammte sie her, sie, die Genoveva Zerf.

Wildhüter war ihr Vater gewesen. Ein heiterer Gesell aus dem Saargau stammend, wo sich zwischen Streuobstwiesen die Dörfer versenken im welligen Land. Hier im trüben, braunen Moor verlor sich seine Heiterkeit. Dem Cidre war er heimlich verfallen.

Der Conze Pit hatte Genoveva beim Tanze zugezwinkert und sie wäre mit ihm gegangen bis ans Ende der Welt und fand sich wieder in der Hütte vom Mausefallenkrämer am Rande vom Dorf. Im Frühling zog er mit seinen Fallen aus. Mit Katzenfellen handelte er auch.

Trotzig geduckt hing das Haus am Ende der Gasse. Kleinfenstrig aus Tuff und Basalt. Die Hundsrose blühte.

Conzes Ferdinande schaltete und waltete darin. Totenfrau war sie im Dorf. Sie wusch die Leichen, kleidete sie an für den letzten Gang. Mit der 'Förstermaid', wie Zerfs Genoveva im Dorf genannt wurde, verstand sie sich nicht. Die schlich so schlaff durch die Tage, verzehrte sich vor Sehnsucht nach dem flotten Pit. Darüber konnte Ferdinande nur staunen. Der Pit war ein rechter Conz. So einer machte überall sein Glück. Ferdinande kannte sich aus. Ihren Mausefallenkrämer teilte sie mit der Köchin vom 'Grünen Baum'. Sei es drum!

Warum lernte die dumme Vev nichts dazu?

Vev starb an einer Diphtherieepidemie, ohne den Pit wieder gesehen zu haben. Bis zu ihrem letzten Atemzug sollte sie gehofft haben.

In der Woche darauf nahm die Ferdinande die Kippe auf den Buckel und die Madeleine an die Hand. Auf ging es.

Braunes Heidekraut, still und tot, kein Vogellaut. Von Binsenhalmen umkränzt – die

Monika K. Böss

Tümpel. So waren sie ins Moor gekommen. Krumme Pfade verloren sich im Tannenwald.

Die Leute in der Waldhütte bekreuzigten sich. Die Vev war ungehorsam gewesen, hatte ein schmales Glück und einen frühen Tod gefunden. Ferdinande packte die Kippe voll. Leer gähnte der Rauchfang hinterher.

Der trügerische Boden federte. Madeleine hörte das schmatzende Geräusch unter ihren Fußsohlen. Ein Habicht stand in der Luft.

Der Mausefallenkrämer hatte einmal branntweinselig den Heimweg nicht gefunden. War in der Kyll ertrunken. Ferdinande sprach ihm einen dreifachen Fluch. Sein Liebchen, die dralle Mamsell, legte ihm Lilien auf's Grab.

Vergangen, vorbei.

Da hütete Madeleine Gänse am Bach und trieb die Schweine in den Eichenwald. Ein flinkes Ding und sehr hübsch anzusehen. Nach der Schule wurde sie Schankmagd im 'Grünen Baum'.

Der Reidenbacher Michel lief hinter ihr her. Er war nicht einer von hier. Einen Aalschokker hatte er auf dem Rhein. Er versprach der Madeleine ein feines Leben. Eine Madame wollte er aus ihr machen. Im Erker seines Hauses würde sie sitzen und den Schiffen zuwinken. Der Reidenbacher strich ihr über das blonde Haar. 'Loreley' nannte er sie und sie schaute in den Regen über ihrem traurigen Land.

Als sie mit ihrem Henkelkorb in Remagen vor seiner Türe stand, spuckte er seinen Priem aus.

"Dou?"

"Arch weit wor de Weg!"

Er schickte sie weg. Sie war doch nur so ein armes Ding.

Madeleine schlich zurück in ihr Dorf hinter den sieben Hügeln. Nie wieder sollte sie es verlassen. Im Jahr darauf fiel der Reidenbacher Michel vor Verdun.

Conze Madeleine öffnet das schwarze Tor und tritt in den Kirchhof hinein. Über den gelben Sand trippelt sie zum Brunnen hin. Der Lunke Hannes hat da sein Grab. Mit ihm tanzte sie einen Sommer lang. Er nahm die Anni aus Wasserbillig. Und das tat ein klein wenig weh.

Damals.

Unter der Blutbuche nahe am Abhang, ist die Gruft derer von Hoya.

Er war ihr im Wald begegnet. Sein letzter Tag in der Heimat war es. Er erzählte ihr von seiner Angst vor dem Sterben. "Denk an mich in guten Stunden, Madeleine!"

Sie versprach es ihm.

Mit einer Baroness war er verlobt, die bald einen schwarzen Schleier trug. Doch eine echte Witwe war das Fräulein Severine doch auch nicht.

Sie saß in ihrem giebelständigen, dreigeschossigen Haus am Dorfanger und führte vor ihren Katzen ihre Vornehmheit aus. Täglich betete Madeleine mit ihr den Rosenkranz. Das Fräulein bevorzugte den 'Schmerzensreichen', Madeleine wünschte sich mehr den 'Glorreichen'. Meist einigte man sich auf den 'Freudenreichen'.

Dort drüben die Grasnarbe unterm Feuerdorn. Der fröhliche Vagabund, der Louis Lambrich aus Sierck-les-Bains. Erschlagen fand man ihn in der Struth. Rheinkiesel trug Madeleine um den schlanken Hals. Er hatte sie ihr geschenkt.

Mattes Fritz und Beckersch Karl in der letzten Reihe. Verdorrte Gräser bedecken ihre Hügel und die Kreuze stehen schief. Ihre Kinder leben alle nicht mehr im Ort. Es sind so viele fort gegangen.

Madeleines Hütte duckte sich unterm rauen Wind. Holunderschnaps schenkte sie aus. Fein war die Welt.

Eines Tages erschien ein Weib im Maulwurfspelz. Sie sei die Els aus Andernach und dem Conze Pit seine Witib. Ihr Erbe wolle sie haben. Das Haus und den Acker an der Ley. Madeleine lachte sie aus. "Guck! Wiese un Felder översäät met Stehn! Nur dee Eecheböön sen knorrich!", sagte sie zornig und jagte die Person fort.

Ferdinande war in jenem Jahr gestorben. Madeleine hatte ihren Dienst übernommen.

So manches Totenhemd hielt sie in Händen. Vergilbt und von Motten zerfressen, oder auch von strahlendem Weiß und feinsten Spitzen. Alles fand sich darunter.

Eine neue Zeit, ein anderer Krieg. Nicht gut für Madeleine. Die Freundschaft zog zum Sterben aus. Der Franz aus Manderscheid machte ihr einen Antrag. Nicht zum ersten

Mal. Doch diesmal trug er neue Stiefel und keine Lumpen in den Schuhen mehr.

Was wollte er von ihr? Sie wollte ihn nicht.

Der Krieg warf seinen Feuerschein über das Land. Madeleine war nicht mehr jung. Falten umlauerten ihren leichtsinnigen Mund.

Die Lies von der Bach war die Letzte, der sie das Totenkleid überstreifte. Madeleine hatte schon einige Nächte an ihrem Bett gewacht. Die Lies war kräftig und hart. Über das Loch in der Brust, das ihr die Geschwulst gefressen hatte, hatte sie einfach hinweggeguckt.

Draußen schüttelte der Wind die Bäume. "Em Sommer un die Berje so jrön!", sinnierte Madeleine. Da war die Lies gestorben, Krumpfen hatte ihr Totenhemd.

So viele Jahre war Madeleine als Totenfrau gegangen. Bis in die Steinmetzdörfer hinüber hatte man sie gerufen. Sie wiegte das dumme Kind der Dorfhure, während das Ungeziefer vom erkalteten Leib der Toten sie ansprang. Sie hörte den Priester fluchen, der nicht das ewige Licht sehen wollte, sondern die Sonne des neuen Tages.

Wenn Madeleine einen Hof oder eine Hütte verließ, begannen die Glocken ihr trübsinniges Lied ins Land zu schicken.

Langsam, doch unaufhaltsam, machte sie sich breit, die andere Zeit. Das Dorf veränderte sich. Die Conze Hütte musste weichen, da sie der neuen Straße im Wege war. Mürrisch zog Madeleine ins Schulhaus ein, das auch nicht mehr gebraucht wurde. Viele Fremde lebten im Ort. Evangelische waren darunter. Madeleine verriegelte ihre Tür.

Irgendwann benötigte man ihre Dienste nicht mehr. Gestorben wurde im Krankenhaus und dort holte der Bestatter die Toten ab. Seine Angestellten erledigten den Rest. Madeleine hatte ihre 'Sach' beisammen. Das Erbe der Jägersleute, das Gesparte der Ferdinande und die eigene Bedürfnislosigkeit bescherten ihr ein wenig Wohlhabenheit. Sie war kein Sozialfall geworden, wie die Marie aus Perl oder die Sofie aus Kleinmacher, die als Mägde sich auf den Höfen verdingt hatten und nichts übrig behalten hatten, als altersschwache Knochen und ein zerrüttetes Gemüt. Gefährtinnen einer kurzen, heftigen Jugend waren sie. Einfache Mädchen, betrogene Frauen, einfältige Alte.

Demütig zogen sie ein ins Altersheim, wo man ihnen eine Verrückte ins Zimmer legte. Sie wehrten sich nicht einmal.

Madeleines Verstand war klar, die Gebrechen erträglich. Mit dem Fräulein Severine machte sie sich Jahr für Jahr auf zur Wallfahrt nach Mariawald. Severine war erblindet und Madeleine führte sie. Ein seltsamer Zug. Zwei hagere, lange Weiber. Der doppelte fahle Reiter!, dachte schaudernd der junge Kaplan, der die Wallfahrer begleitete.

Es sagten ihm die Leute, die Madeleine sei ein 'Espässje' gewesen, ein Vielliebchen aus dem harten Land. So mancher habe sein Pläsierchen mit ihr gehabt. Ach, das Leben spielt seine eigenen Melodien. Die Prinzessin und die Schweinehirtin. Vereint im Zug der Frommen.

Im Mai geht Madeleine wieder nach Mariawald. Aber davor liegt der Winter und den fürchtet sie heimlich sehr.

Das Land versinkt im Abenddunst. Vögel sammeln sich in den Lüften. Madeleine spürt den Herbst. Wolken brauen sich am Himmelsrand.

Weit, so weit das Land.

Mä dat huet en an sech wuesse gelooss, bis et Gewëssheet gouf.
A wéi se hien no e puer Méint ap hirem Krees opgeholl hunn,
wousst hie scho laang, wéi den Hues gelaf ass.

Henri Losch
| Iwwer an eriwwer

An de fofzeger Jore vum leschte Joerhonnert, méi genee 115 Joer nodeems se zu London e faule Komproméss fonnt an de Belsch e gudden Deel vun eisem Groussherzogtum geschenkt haten, ass dee jonke Schoulmeeschter an e klengt Grenzduerf genannt ginn. Eng Uertschaft, eppes méi wéi sechs Kilometer ewech vun Arel, déi se bei deem Gedeels an zwee gespléckt haten.

Ëm déi zéng Haus, eng Millen an eng kleng Fabrék haten d'Belsch kritt, an op der Haaptstrooss, do, wou déi phallusaarteg Gossmaark d'Grenz uginn huet, haten eis Noperen e klengt Schiethaische gebaut, wouraus hir Douaniere mam Daum wénke konnten, wann se net emol vun der Sonn eraus op d'Strooss gelackelt gi sinn oder och mat Absiicht erausgoungen fir e Camion oder eng déck Luxmaschinn z'inspizéieren. Dat heescht, ze maache wéi wann, well se woussten, datt gewéinlech eppes ofgefall ass, mol eng gutt Fläsch, mol eng Késcht Zigaren oder och emol e giedleche Poulet. Wann net dat, dann op jidde Fall eng Tournée an engem vun deene ville Caféen an der Noperschaft.

Op der Lëtzebuerger Säit, wou zwéi Gendaarmen deeselwechten Déngscht ze leeschten haten, e Chef a säi Brigadier, do war et net vill anescht, just, datt si an engem feudale Gebai mat enger Wunneng an engem Büro geschafft hunn.

Sou hunn déi belsch Douanieren sech de Patt zu Fruessem gutt schmaache gelooss, an déi Lëtzebuerger Kollegen an engem vun deenen dräi Bistroten an hirem Duerf. A well de Brigadier just aus enger Entwöhnungskur koum, huet de Chef no der Houmass mam Duerfschäffen am Schoulmeeschter beim Aperitiv geruff: "Bréng mir dem Kolleg säi Patt direkt mat, hien duerf jo net méi!"

Et huet ee gudde Strapp gedauert, ier se gewot hunn, deen Neien an dat verwuerelt System anzeweien, wat se mat der Zäit iwwer an eriwwer gesponnen haten. O, him ass vun Ufank un sou munches opgefall, Sympathesches, Heemleches an och emol Gewotes. Mä dat huet en an sech wuesse gelooss, bis et Gewëssheet gouf. A wéi se hien no e puer Méint an hirem Krees opgeholl hunn, wousst hie scho laang, wéi den Hues gelaf ass.

Beim Deelen, deemools, 1839, hätt déi sproochlech Grenz och déi administrativ solle sinn. Quetschen och! E ganzen Deel ronderëm a mat der Stad Arel hunn se äis geklaut, mat der Begrënnung, si bräichten eng Haaptstad fir déi nei "Province de Luxembourg" an déi eenzeg uerdentlech Landstrooss fir op Bréissel, déi iwwert Martel a Baaschtnech gaangen ass, wier fir si vu strategeschem Wäert.

Sou goufen d'Leit aus méi wéi fofzeg reng lëtzebuergeschen Uertschaften vun haut op mar Belsch. O, et war net ëmmer deenen zu London hir Schold. Spéiderhin, bei enger spezieller Geleeënheet, gouf de Schoulmeeschter vum Baron vu Guirsch gewuer, datt deem säin Ururgrousspapp mat senge Relatiounen zu Bréissel et duerchgesat hat, datt seng Proprietéit mat all deenen Dierfer ronderëm net zréck u Lëtzebuerg komm ass. "Deen Dommen", huet de Baron sech beklot, "lo hu mer et, kuckt! Mat deem topege belschen Ierfgesetz hu mer méi wéi zwéin Drëttel vun eise Fermë mat de Lännereie misse verkafen, fir dem Pappa Staat d'Taxen ze bezuelen."

Déi Grenz hunn d'Leit vun do ni esou richteg eescht geholl, wéi hätt et och anescht kënne sinn, si waren dacks Famill mateneen, an d'Baueren, an dat war jo bal jiddereen, hate Stécker op deenen zwou Säiten. D'Schoulmeeschteren an d'Léierinnen aus de belschen an de lëtzebuergeschen Dierfer hunn sech vun Zäit zu Zäit bei enger Keelepartie erëmgesinn an hunn an hirem onverfälschten Dialekt hir Suergen a Freeden ausgetosch. Et muss ee wëssen, datt bal an all deenen Uertschaften doiwwer Männer a Fraen aus där Géigend Schoul gehalen hunn. Leider war hir Sprooch nom Zweete Weltkrich vun uewen erof an der Schoul verbuede ginn, mä wat sech do zu Bunnert, Tontel, Fruessem, Heckbous oder Guirsch, Metzert, Atert a Grendel ofgespillt huet, ass net ëmmer bis op Bréissel duerchgedrongen.

An d'Paschtéier vun do? Jo, déi hunn hire Confrateren vun hei ausgehollef, besonnesch op de Kiermesdeeg a bei Begriefnesser. Deemools huet ee jo missen op d'mannst vun dräi Häre begruewe ginn, soss war ee keen.

Henri Losch

Déi vun doiwwer sinn eriwwer an d'Kierch komm, an op Päischtméindeg ass dat ganzt Duerf vun der Lëtzebuerger Säit dee béise Bierg aus an déi al Guirscher Kierch gepilgert, fir de Willibrord ëm Hëllef ze biedelen.

An, o Wonner, nieft deene ville Vakanz- a kierchleche Feierdeeg stoung ee fräien Dag um Joresprogramm, deen deem neie Schoulmeeschter e Rätsel opginn huet: e Pilgerdag an d'Donatioktav op d'Arelerknippchen.

Am Fréijoer, wéi alles an der Bléi war an d'Gewan esou richteg vu Gesondheet gedämpt huet, sinn d'Leit aus dem Grenzduerf, déi belsch an déi lëtzebuergesch, mueres fréi lassgezunn. D'Massendénger mam Kräiz virop, de Schoulmeeschter mat sengen nobäi drësseg Kanner hannendrun, de Paschtouer an sengem houbeschte Mëssgewand, an um Wupp ee laange Rateschwanz vu Männer a Fraen, déi mat voller Stëmm, mol méi rau, mol méi rabbleg, mol méi piipseg a mol méi daddreg zu deem Hellege gebiet a gesongen hunn. Si hunn dee Message an de bloen Himmel geschéckt, fir datt dee gudde Mann douewe Blëtz an Donner vun hiren Haiser, Scheieren a Stécker ewech sollt halen.

Zu Arel an där Kierch, aus där haut d'Klackespill all Stonn dat bekannte Lidd vun deenen duuschtrege Weiber aus der Hätschegaass spillt, déi kleng Strooss mat deene butzegen aarmen Haiser um Fouss vun deem buergaartege Klouschter, do gouf Stonn ëm Stonn eng Mass gelies, fir hire Patréiner, den Donatus, gutt ze stëmmen. Eng ganz Woch laang sinn se aus all deenen Dierfer ronderëm Arel erbäigestréimt, sou wéi dat zanter Joerhonnerten de Gebrauch war. A keng Grenz konnt de Pilger de Wee verspären, mat Ausnahm vun deene puer Krichsjoren, wou d'Preisen de Leit d'Liewe schwéier gemaach haten.

Sou munches war elo esou ganz anescht fir deen Neien hei an där Grenzgéigend. "Ech gi bis an d'Stad, an enger hallwer Stonn sinn ech erëm, ech bréngen Iech och dat Gaardegeschir mat, wat Der braucht, fir an Ärem Stéck ze schaffen!", huet den Noper an de Schoulhaff riwwergeruff. "Alt erëm esou eng Flauterei", duecht sech de Schoulmann. An enger hallwer Stonn bis an d'Stad? Sot emol! Wou hie mat sengem klengen Auto, engem schwaarze "Käfer", bal eng Stonn bis dohinner gebraucht huet! Den Noper war pénktlech no en drësseg Minutten zréck. Mam Geschir. Do sinn dem jonke Mann d'Aen opgaangen. De gudde Bauer war wuel an d'Stad, awer net an déi, déi de Schoulmeeschter gemengt hat, neen: op Arel. Arel war do den Nuebel vun der Welt, d'Stad eben.

Duer ass een akafe gaangen, vun do aus ass ee mam Zuch gefuer an do huet een sech samschdes e Billjee fir e Film an engem vun deene ville Kinoe kaaft. Eng ganz speziell Zort Leit huet een do begéint, amusant mat hirem lëschtege Lëtzebuerger Accent, do war ee kee "feine Jong", mä e "Faineang". Näischnotzeg waren se, besonnesch d'Geschäftsleit. Huet een eppes op Franséisch gefrot, hunn se op Lëtzebuergesch geäntwert, an déi Kéier drop, wann een an eiser Sprooch no engem Artikel gefrot huet, koum eng franséisch Äntwert. Dobäi hunn se sech an d'Fäischt gelaacht, dat konnt ee gesinn.

Samschdes owes haten déi Areler d'Keelebunne vun eisem Grenzduerf komplett a Beschlag. De Béier vun hei a virun allem de Quetsch an de Kirsch ware jo och esou gutt an esou bëlleg. Just eng Kéier haten se misse Plaz maachen. Deen neie Schoulmeeschter hat eng ongewéinlech Iddi kritt. Hien hat mam Kierchegesank, deen e geleet huet, en Theaterowend programméiert, "Gutt Noperen" an "D'Spill vun der Bidden" vum Marcel Reuland. Dat war awer nëmme méiglech op enger Bühn, déi op der Keelebunn opgebaut gi war, a wéi déi Areler Keelespiller, déi net vum Wiert informéiert gi waren, opgedaucht sinn, waren déi net nëmmen e bësse verdross. Awer net fir laang. Si hunn sech op déi haart Bänken ouni Réck gesat an hu mat ëmmer méi Interessi der Generalprouf nogekuckt. An deen Dag drop op der Première waren zwéin Drëttel vun de Plaze mat Areler Leit besat, an déi hu fir ee risegen Applaus gesuergt.

Eppes awer hunn se wéi laang deem neien "Här Lehrer" verheemlecht, an hien huet wéi een Detektiv misse Steenchen op Steenchen zesummendroen, bis e begraff huet, wat do gespillt gouf, iwwer an eriwwer. Ass ee Bauer mat engem héichgeluedene Leederwon aus sengem Weessestéck vun der belscher Säit komm, hunn déi, déi e begéint hunn, em zougeruff: "Hues de och richteg gelueden?", an dann hunn se esou knaschteg gelaacht. Huet en e Fouerwon vollgetässelt mat Bichenholz heemtransportéiert, huet säi Kolleg, deen am Gaang war, viru sengem Haus d'Mëscht opzelueden, voller Näischnotz gefrot: "Sinn se net ze schwéier, déi déck Stécker Houlz. Wann et alt net platt ass wéi ee Su!" An enges Daags, wéi ee vun hinnen mat enger Fäsch um Bockel iwwert d'Grenz op heemzou marschéiert ass, huet de belschen Douanier sech mat sengem léiwe Lëtzebuerger Accent verwonnert. "Dat ass jo allerhoond! Wat musst Där stareck sinn?" Dobäi huet en sech gekrëmmt vu Laachen.

D'Léisung vun deem Rätsel koum ganz onerwaart. 't war kleng Kiermes, an de Paschtouer hat seng Confrateren aus de belschen Nopeschdierfer ageluede, fir mat him eng feierlech Mass an duerno esou ee giedleche geeschtleche Banquet ze konzelebréieren. Zu Fouss sinn déi Häre mat der Zäit eriwwer marschéiert komm, mä elo, wou et jo Autoe gouf, war dat eriwwer. Jo, mä déi Curée waren net esou gutt gestallt wéi mir, an en Auto konnten si sech net leeschten. Sou gouf deen neie Schoulmeeschter gebieden, mat sengem "Käfer" de Ramassage ze maachen. Gutt gesot, an och gär gemaach, mä dat war keng einfach Saach, fir déi Hären, besonnesch deen ee mat sengem majestéiteschen Ëmfank, an dee klenge Won ze quëtschen. E Gléck, datt déi zwéin anerer e bësse manner Gewiicht haten, sou konnten déi hannendra gedruddelt ginn.

Ier dee méi *Gesonden* op där éischter Statioun erageklommen ass, koum säi Koschter mat enger propperer Zich vun engem Diwwi um Aarm an huet gefrot, fir déi vir an d'Mall vum Auto tässelen ze kënnen. Iergendeppes hat en dodranner, näischt Liichtes, dat konnt ee gesinn, a ganz virsiichteg huet en säi Gepäck virdran ënnert de Capot ausgebreet. "Kuriéis, kuriés", duecht sech de Chauffeur, "firwat bréngt deen seng Mëss-gewänner mat? Eisen Här huet der dach méi wéi genuch!"

Déi Paschtéier wollten och net direkt bei d'Kierch gefouert ginn, mä fir d'éischt emol bei de Presbytère, wéi se soten. An do ass eppes Onerwaartes geschitt. Wéi dee staarken Här seng Mëssgewänner auspake wollt, ass em e Malheur passéiert. De Laascht ass em verrutscht an eppes ganz Aneschtes ass rausluusse komm. Déi dräi hu sech eng Boss gelaacht, an de Schoulmeeschter huet vu Verwonnerung de Mond net méi zoukritt. "Ee Mirakel! Ee Mirakel!", hunn se sech améiséiert an hunn hire Pak feierlech bei d'Häreküche gedroen.

Lo ass deem Neien eng Späicherliicht opgaangen. All déi verstoppte Bemierkungen mam Leederwon, dem Bichenhoulz an der Fäsch! Déi Häre ware ganz paff, datt hien nach net wousst, wat gespillt gouf. D'Fierkelen hunn deemools heiheem aachthonnert Frang kascht an doiwwer nëmmen zweehonnert. An elo huet hien och begraff, wéisou d'Noperen esou dacks déi Delikatess um Menu haten, op all Manéier, gebroden, gesolpert an am Gelli, a wéisou hien een-, zweemol eng Fierkelshämche geschenkt kritt hat.

Das Taschentuch wurde in Mainz maschinengewebt, um dann als Sakdooch (Sacktuch) in der Sudeifel in die Hosentasche, in die Hände und an die Nase eines jungen Mannes namens Robert zu gelangen. Nun befindet sich das Sakdooch auf direktem Weg durch den magischen Korridor

DIE VERWANDLUNG DER KOPFNUSS

Joscha Remus
| Die Verwandlung der Kopfnuss

Ein Sommer vor fast dreißig Jahren.

Der Schmetterling, der sich in meiner Phantasie versehentlich in die Botanisiertrommel eines gewissen Vladimir Nabokov verirrt hatte, entkommt mit ein paar unerwartet geschickten Luftgirlanden und fliegt von der Südeifel aus westwärts, mit weichen Flügelschlägen, hinüber zur Sauer, ohne zu ahnen, dass er sich dabei klanglich von einem Schmetterling in einen *Päiperlek* verwandelt.

Zur gleichen Zeit wird sechzig Kilometer weiter westlich ein vom Sommerduft aphrodisierter *Päiperlek* von wild hüpfenden Kindern durchs Gras gejagt, um sich völlig erschöpft hinter einen französischen Schlagbaum zu retten und dort seiner neuen Bestimmung als *Papillon* entgegenzutreiben. Sprachliche Metamorphosen im flatternden mitteleuropäischen Grenzverkehr.

Was unsere beiden Schmetterlinge* nicht ahnen können. Es gibt auch Metamorphosen ganz anderer Art.

Immer noch ein Sommer vor fast dreißig Jahren.

Ein bereits stark malträtiertes Taschentuch liegt zerknüllt in einer deutschen Hosentasche und wird während einer flott gestrampelten Fahrradfahrt zur luxemburgischen Grenze weiter stark beansprucht. Das Taschentuch wurde in Mainz maschinengewebt, um dann als *Sakdooch* (Sacktuch) in der Südeifel in die Hosentasche, in die Hände und an die Nase eines jungen Mannes namens Robert zu gelangen. Nun befindet sich das *Sakdooch* auf direktem Weg durch den magischen Korridor seiner sprachlichen Verwandlung in ein luxemburgisches *Nuesschnappech*.

(*Kurz etwas zur Rehabilitierung einer oft missverstandenen sprachlichen Verpuppung: Das deutsche Wort Schmetterling hat rein gar nichts mit dem Verb "schmettern" zu tun, sondern leitet sich vom slawischen Wort für Sahne "smentana" ab. Ein Sahneling also, ein Butterfly, einer der den Schmand zu lieben scheint.)

Nach einem Jazzkonzert am Donnerstag, dem 5. Juli 1979, das er in Echternach erleben darf, schickt Robert aus der Südeifel das *Nuesschnappech* jubelnd auf seine Reise in den Sommerhimmel, wo es von einem aufkommenden Ostwind hochgewirbelt wird und frei entfaltet, weiter westlich, als *Mouchoir* auf der Lichtung eines Waldes bei Metz an einer Tanne hängen bleibt.

Was weder Schmetterling, *Päiperlek*, *Papillon*, Taschentuch, *Sakdooch*, *Nuesschnappech* noch *Mouchoir* ahnen können. Es gibt auch Metamorphosen ganz anderer Art. Doch dies ist eine etwas längere Geschichte, weil es sich diesmal nicht um einen Schmetterling oder ein Taschentuch, sondern um eine Kopfnuss handelt.

Diese Geschichte beginnt einige Jahre bevor Robert als Grenzgänger bei Echternach seiner neuen Bestimmung entgegenstrampelt und dabei einen neben ihm, gerade einer Botanisiertrommel entkommenen, mitflatternden Schmetterling fast übersieht.

Ein Sommer vor fast vierzig Jahren.

An einem regnerischen Herbsttag standen zehn Jungs in der Dorfschule eines deutschen Ortes mit dem symbolträchtigen Namen Auw (sprich: Au) mit dem Gesicht zur Wand in einer Reihe, um sich ihre Kopfnüsse* abzuholen.

Ein aus Zell an der Mosel stammender Pfarrer formte dabei seine Finger zu einer harten Faustkante, um seine Knöchel sehr geschickt auf den seitlichen Schläfenschädeln der Kinder platzieren zu können; dort, wo es am meisten weh tat und gelegentlich auch zur Ohnmacht führen konnte. Die vom Pfarrer als wohlverdiente Segnung und als Lohn für Missetaten verstandene Prozedur wurde an diesem Tag von einem besonderen Zorn

(*Wieso werden die Bestrafungen der menschlichen Hand in der deutschen Sprache so gerne nach Früchten, also Nüssen und Feigen benannt? Verharmlosend fruchtige Wortwahl.)

Joscha Remus

begleitet, weil Robert (der Robert, den wir eben noch auf dem Fahrrad erlebten) auf die Frage nach seinem Berufswunsch nichts Besseres als "Globetrotter" eingefallen war. Auch die nach des Pfarrers wütendem Blick schnell abgeänderte und verständlichere Bezeichnung "Weltenbummler" wollte der Pfarrer nicht akzeptieren und belohnte sie mit besonders kräftigen, knochentrockenen Kopfnüssen und der Bezeichnung "Globetrottel".

Kopfnüsse erhielt man eben seinerzeit in Auw an der Kyll nicht nur für die Unkenntnis von Bibelversen, sondern auch für unsinnige Wünsche. Hatten Kinder das Pech, mit dem Pfarrer allein in einem Raum zu sein, so konnte die Beharrlichkeit ihrer beruflichen und von Freiheit geprägten Wünsche durchaus auch in einem Gewitterregen aus Ohrfeigen enden.

Sicherlich hagelte es genauso in anderen Dorfschulen Nüsse und Feigen, flogen erzkatholische Stühle und mit Flüchen bedachte Schlüsselbunde, als erziehungsberechtigte

Wurfgeschosse, quer durch die Klassenräume. Das war damals so üblich, im vulkanreichen, auch psychologisch eruptiven Kopfnussland namens Eifel.

Was jedoch die Pfarrer und Lehrer dieser seinerzeit sehr zurückgebliebenen Weltgegend nicht ahnen konnten: Ihre Kopfnüsse lösten in einigen der beklopften Schädel eine unstillbare Sehnsucht nach anderen Gegenden und anderen Ländern aus. Ja, die Kopfnuss wurde für einige der so Bestraften zum gut platzierten Beginn eines nicht enden wollenden, grenzüberschreitenden Bewegungsimpulses. So auch bei Robert.

So wie für F. D., einen prüden Amerikaner aus dem Mittleren Westen, der unerwartete Schlag eines Baseballs an seinen Kopf im Herbst 1973 zur Folge hatte, ab diesem Zeitpunkt nie wieder etwas vergessen zu können, so hatte die Kopfnuss des Pfarrers aus der Eifel bei Robert zur Folge, fortwährend von Fernweh getriebene bunte Linien in seinen Kommunionsatlas zu zeichnen. Grenzüberschreitende Sehnsuchtsstriche, die bald schon hinüber nach Kathmandu, hinunter nach Marrakesch und hinauf bis ans Nordkap reichten. Paris, Samarkand, Shanghai und Lissabon. Verheißungsvolle jugendliche Mantras, die als gemalte Reiserouten im Atlas des aus der Eifel stammenden Robert alle in Luxemburg ihren Anfang nahmen, da die Stadt Trier auf der großen Weltkarte nicht zu finden war.

Der grenzüberschreitende Bewegungsimpuls wurde noch verstärkt durch die Zigeuner, die in Roberts Heimatdorf an die Haustür klopften. Schöne schwarzhaarig bezopfte Mädchen mit glutroten Kopftüchern boten gemeinsam mit ihren wettergegerbten Müttern Knöpfe und Nähzeug an. Wobei sich Robert abends im Bett gerne vorstellte, wie die jugendlich duftenden Zöpfe dicht neben ihm, auf den weißen, frisch gestärkten Kopfkissen liegen, während ihm sein Hund am Bettende die Zehenzwischenräume ableckte. An manchen Abenden schlich sich Robert gerne heimlich an den Waldrand, zu den Lagerfeuern der Zigeuner, die damals wirklich noch so hießen. Die braunen Gesichter erzählten von

Gegenden, die keiner im Dorf kannte. Robert hörte die rauchige, kehlige Musik, die Freiheitsschreie, die nach tiefdunkler Lust klangen, aß Fleischspieße, die nach Ferne schmeckten, nach einem Land, wo es anstelle von Kopfnüssen vielleicht Kokosnüsse regnete.

Übrigens schlich sich auch Roberts kleiner Bruder nachts an diese Freiheitsfeuer, wie Robert später erfahren sollte. Unglaubliche kleine Fluchten, die beide geschickt jahrelang vor der Welt und voreinander verheimlicht hatten.

Alle je erhaltenen Kopfnüsse, auch die wegen des frisch vermalten Atlasses, hatten dazu geführt, dass Robert bereits recht früh sein eigenes Reisegeld verdiente. So mimte er als Testschläfer in einer Moselmöbelhalle zu Werbezwecken den im Pyjama Schlafenden, verkaufte Papstmünzen, Schachcomputer und Speiseeis im Trierer Palastgarten.

Der durch die Kopfnuss ausgelöste grenzüberschreitende Bewegungsimpuls führte Robert bald schon nach Metz, wo er auf einem Konzert ein wildfremdes Mädchen mit kurzem Rock über eine Stunde lang auf seinen Schultern trug, damit diese die weit vorne agierende Rockband besser sehen konnte. Über eine Stunde lang sog Robert dabei den Schenkelgeruch der französischen Mädchenbeine in seine Nase. Stark und ausdauernd, wie dies nur Siebzehnjährige können. Dann führte ihn der Drall, den ihm die Kopfnuss versetzt hatte, hinauf nach Brüssel und Amsterdam, wo sich Robert nach einem Konzert in der Moses en Aaron Kerk unvermittelt neben einem Sitar spielenden Inder namens Ravi Shankar wiederfand, der genüsslich frittierte Fladenbrote mit den Fingern aß. Der Kopfnussimpuls brachte Robert danach ans Seine-Ufer zu Sartre lesenden Clochards und in die Wohnung einiger Heroinsüchtiger, um ihn dann, nach dem Genuss einiger Haschischkekse, sanftfriedlich in Montparnasse inmitten bunter Wasserpfeifenschwaden abzulegen, die von marokkanischen Wanderarbeitern stammen mussten.

Reisechronisten könnten die wilden, flatterhaften Freiheitsbewegungen von Robert über den Globus mühelos nachvollziehen. Von Unawatuna auf Sri Lanka in einen Nationalpark Nordportugals, nach Goa, in die Täler des Maramuresch und an den Karpatenbogen. Wohl keiner würde erahnen, dass eine seitlich an der Schläfe angesetzte Kopfnuss diese Grenzüberschreitungen ausgelöst hatte.

Die sprachliche Metamorphose der Kopfnuss selbst fand dann am Donnerstag, dem 5. Juli 1979, in Echternach statt.

Robert radelt der luxemburgischen Grenze entgegen. Den neben ihm flatternden Schmetterling jetzt doch ganz kurz beachtend, strampelt Robert zu einem in der Basilika stattfindenden Konzert der Jazzpianisten Chick Corea und Herbie Hancock.

Eifel, du kleiner provinzieller Kosmos, Luxemburg, du kosmopolitische Provinz. Oh Lux. Verheißungsvolles Licht. Von der B 51 hinunter zur Grenze, dort, wo heute gigantische Windräder stehen. Dann über die Sauer und die Brücke mit dem rotweißen Schlagbaum. Die Grenzkontrolle und einige Rechtskurven. Die Basilika. Die beiden Pianisten mit ihren weißen und schwarzen Anzügen. Die sich gegenüberstehenden Flügel. Die beiden Pianisten schauen sich kurz an und beginnen sofort mit ihrem Freiheitsstakkato. Sie spielen nicht nur Musik, sie reden durch den Jazz miteinander. Grenznahe Jazzpoeten.

Und unser Mädchenschulterer und Indienreisender Robert weint. Doch er weint nicht wegen der Musik. Er weint, weil seine luxemburgische Freundin Marie ihm erklärt, was eine Kopfnuss ist:

Die Kopfnuss das ist eine Problemnuss, die der Kopf knacken muss und an der man oft lange zu knabbern hat. Wenn der Kopf das Rätsel aber gelöst hat, ist die Nuss verschwunden und einem geht ein Licht auf. Ein Licht, verstehst du? "E Liicht, bekäppt fir all Zäiten." *(Ein Licht, kapiert für alle Zeiten.)*

Robert geht kurz nach draußen, um seinem Taschentuch, seinem *Sakdooch*, seinem *Nuesschnappech* die luftige Freiheit zu schenken, damit es sich aussuchen kann, wie es zukünftig genannt werden möchte. Aber das hatte ich schon erzählt ...

In alter Zeit war Vianden in Ober- und Unterstadt geteilt. Dort wurde je ein Feuer entzündet.

Die Menschen wickelten Lumpen auf Stöcke, tauchten sie in Öl, zündeten die Fackeln an

und schwenkten sie brennend über den Köpfen. Im 19. Jahrhundert wurden

lebende Katzen über den Feuern aufgehängt und mit verbrannt. Einmal konnte sich eine Katze befreien, ist mit brennendem Schwanz

Susanne Beckenkamp
| Venedig-Wien-Vianden
oder
Überall ist Mosel

Es gibt nichts Schöneres,
als um seiner selbst willen geliebt zu werden;
oder vielmehr: trotz seiner selbst.
(Victor Hugo,
lebte 1871 als politischer Flüchtling in Vianden)

Mama hatte nach dem Krieg genug von Grenzen und Steinen. Sie fand für ihr einziges Kind einen Namen, der in ganz Europa gilt und Symbol für Unschuld ist: die weiße Lilie Susanne, Susan, Suzanne, Skouschka ... 150 km weiter moselaufwärts geboren, wäre ich die ideale Luxemburgerin.

Mama nannte mich meistens Susanne und manchmal Flusskind. Für sie war ein Fluss gleich und anders, leben und leben lassen, Stetigkeit zum Steinerweichen, niemals Grenze. Doch die Mosel mündet am Koblenzer Deutschen Eck in den Rhein und setzt meiner Welt klare Grenzen; notwendig bei meiner miserablen Orientierung. Auch die liegt an der Mosel. Wer in einem Flusstal aufwächst, lernt auf- und abwärts. Auf dem freien Feld, der Landkarte, überall, wo vier Richtungen Möglichkeit und Freiheit verheißen, sind Flusskinder falsch. So bin ich Autorin, denn Künstler verschließen laut Victor Hugo ganze Welten in sich, sind Grenzgänger und Brückenbauer und kennen sich mit äußeren und inneren Grenzen nebst ihrer Überwindung, dem Eingeschlossensein und diversen Brückensorten aus.

Für die Anthologie will ich in Begleitung nach Luxemburg an die Mosel fahren. Wir landen in Klein-Gallien an der Our. Es fängt damit an, dass ich via *Google Earth* über Luxemburg fliege und per Internet eine Unterkunft "an der Mosel" buche: *Auberge du Château* in Vianden. Mein Gefährte lobt nach der Ankunft heftig die mittelalterliche

Stadt am Fluss, das imposante Schloss und das gute Hotel. Der Grund für seine gute Laune hat 190 PS, zwei Räder, war auf der Hinfahrt durch den Rückspiegel meines Kleinwagens zu bewundern und Anlass für mein ängstliches Zetern über Mittvierziger mit großen Auspuffs-, -püffen-?, ... -rohren halt. Wenn da nur ein Stein im Weg ist!

Abends genießen wir den ersten Spargel. Der Hotelbesitzer leistet Gesellschaft. Er heißt Johann, ist Holländer, wurde 1954 samt seinen vier Geschwistern ins Auto gesetzt und musste mit. Seine Eltern gründeten in Luxemburg einen Bauernhof, wegen der Kohleminen und Enteignungen in Holland. Johanns Frau war schon seit 1953 hier, neun Geschwister, auch ein Bauernhof. Ihre Väter waren Freunde in Holland. Johann hat mit 20 geheiratet, war Schlosser, Busfahrer, Heizungsbauer und Autoverkäufer. Dann hat er von französischen Patrons das Kochen gelernt, ein Vier-Zimmer-Hotelchen in Vianden gekauft, dort die Ratten mit der Schubkarre rausgefahren, renoviert, restauriert, saniert, um- und angebaut und aus vier Gästezimmern 44 gemacht.

2007 fährt Johann morgens und abends vier Kilometer rüber nach Deutschland, dort hat er wieder ein Häuschen gekauft. Die Grundstücke sind um zwei Drittel billiger als in Luxemburg. Peu à peu steigen die Preise, denn Eifeler Bauern werden zu Immobilien- maklern. Die reichen Luxemburger lassen sich Deutschland schon mal was kosten. Johann hat im letzten Karneval die Kamellen gekauft und saß auf der Ehrentribüne mit Arzt und Notar. In Vianden ist er seit 37 Jahren der Holländer. Das liegt vielleicht an den Ringmauern, die früher die Stadt umschlossen.

Darüber thront das Schloss. Frank von der Kasse erzählt: Der Name Vianden kommt vom keltischen Wort für Stein, Fels. Findet man auch in Wien und Venedig. Und: Auch Vianden liegt, wie viele Luxemburger Städte, an zwei Ufern. Nur hier ist der Fluss nicht Landesgrenze. Der Wiener Kongress löste 1815 pragmatisch ein Problem: Was alle wollten, bekam keiner. Die Flüsse Mosel, Sauer und Our wurden kurzerhand zu Grenzen Luxem-

Susanne Beckenkamp

burgs erklärt, und alle Uferstädte zwischen zwei Ländern geteilt. Alle? Nein! Die unbeugsamen Viandener leisteten Widerstand wie weiland die Gallier, und ihre Grenze macht einen Buckel über den Berg. Die Our – keltischer Name für "Fluss" – blieb in Luxemburg. Ich zucke zusammen. Ist hier nicht die Mosel? Nein, die Our, da ist sich Frank sicher. Ob die Mosel nicht auch größer sei? Ich verweise darauf, dass jeder mal klein angefangen hat und vermute, dass Frank noch nie von seinem Fluss – dem Mittelpunkt der Welt, der Keltenwiege, der Geburt des gewaltfreien Widerstandes – weggekommen ist. Aber Frank stammt aus der Eifel und kennt deshalb vier Richtungen.

Mein Begleiter will seine 190 PS spüren, und wir tuckern mit 80 km/h nach Echternach, die Mosel suchen. Und tatsächlich: Jede zweite Gaststätte ziert ein Schild "Mousel".

Die Mousel-Brauerei braut seit 1511 in Luxemburg Bier nach Tradition der Benediktiner-Mönche aus Altmünster. Aha.

Der Freund nimmt mich in den Arm und tröstet "Ach, überall ist ein bisschen Mosel"; und ich quetsche mich auf das Stückchen Leder hinter ihm, finde Motorräder ein absolut angemessenes Fortbewegungsmittel, überhaupt nur mit 190 PS akzeptabel, und Steine haben auf Wegen ohnehin nichts zu suchen. Hier fließt übrigens die Sauer.

Als ich Johann von meiner Suche erzähle, zapft er seelenruhig Bofferding-Bier in Bitburger-Gläser und vermutet, dass ich aus dem Saarland stamme.

Abends zum Cognac kommt Marc Schäfer. Er hat ein Souvenirgeschäft im Ort, ist Mitglied des *Conseil d'état* (vgl. deutscher Bundesrat) und, weit wichtiger, Ur-Viandener. Kein Holländer, kein Deutscher, auch nicht aus einem anderen Teil Luxemburgs zugezogen, nein, richtiger Viandener.

Deshalb kann er von einem Fest erzählen, das es nur hier gibt:

In alter Zeit war Vianden in Ober- und Unterstadt geteilt. Dort wurde je ein Feuer entzündet. Die Menschen wickelten Lumpen auf Stöcke, tauchten sie in Öl, zündeten die Fackeln an und schwenkten sie brennend über den Köpfen. Im 19. Jahrhundert wurden lebende Katzen über den Feuern aufgehängt und mit verbrannt. Einmal konnte sich eine Katze befreien, ist mit brennendem Schwanz die Straße hinuntergelaufen, auf ein Strohdach, von dort durchs Fenster ins Haus gesprungen und entfachte ein drittes Feuer. Deshalb ist das Fest verboten worden. Das ging ein Jahr gut, dann hat es wieder angefangen, allerdings ohne Katzen. Niemand kennt die Wurzeln des Festes: Der keltische Feuergott Belenos, die Wintersonnenwende, die Hexenverbrennung ... Kein Verein organisiert, niemand lädt Touristen ein, wie von Geisterhand lodern in Vianden jedes Jahr zu St. Martin Fackeln, Feuer und Flammen.

Feuer und Flamme ist Marc auch für die Flexibilität in seinem Land: *Chambre des Députés* (Parlament), *Conseil d'état*, Regierung, alles zusammen ca. 100 Leute. Jeder kennt jeden, und wer eine Firma mit 50 Arbeitnehmern gründen will, spricht gleich mit dem

Minister. Und ganz wichtig: Die Mitglieder des *Conseil d'état* können nur einmal ernannt werden und bleiben 15 Jahre im Amt. So kann Politik stattfinden und jedes Jahr ca. 10.000 neue Arbeitsplätze schaffen. Außerdem trotz Ausländeranteil von nahezu 50 Prozent und Grenzgängern keine rechtsextreme Partei; was will man mehr?

Mich packt der Sozialneid. Warum bin ich nicht 150 km weiter moselaufwärts geboren? Warum habe ich nicht auf Mama gehört und besser Französisch gelernt? Sonst könnte ich ja heute noch ... Ja ja, die Grenzgänger, sagt am anderen Morgen die Führerin des Heimat- und Puppenmuseums (seit 40 Jahren mit einem Sizilianer verheiratet). Suchen überall ihre Vorteile. Hier die hohen Löhne, Benzin und Kaffee, in Deutschland die Grundstücke, Restaurants und Frisör. Nein, da sind ihr die Leute aus der Mitte Deutschlands, die Touristen, doch lieber. Die interessieren sich noch wirklich. Zum Beispiel für die Ardennenoffensive. Erster Stock zwischen den Ausstellungsräumen Fotos und Namen der Opfer. Da muss jeder durch. Kein Soldat, kein Minenopfer, kein KZ-Häftling wird vergessen.

Ach Mama, ich heiße doch Susanne.

Auf dem Rückweg fahren wir in Wasserbillig vorbei. Da wollten wir nicht hin, in dieses Gewirr von Tankstellen, Shops, Werbeplakaten und Autoschlangen. Aber hier ist die Mosel. Und die Grenze. Und eine Brücke.

Zu Hause zerschlagen wir Mamas Grabstein. Ihre Ruhefrist ist verstrichen, die Gemeinde hat den Container gestellt. Morgen wird der Schutz abgefahren. Die Arbeit ist schwer; wenn wir uns aufrichten, scheint die Sonne über einer Burgruine. Unten glitzert die Mosel.

Gilles Ortlieb
| Fragments d'un discours ferroviaire

À cette heure-ci, 17h29, le *Goethe* (d'autres jours c'est le *Heinrich Heine*, ou le *Gustave Eiffel*, ou le *Victor Hugo*) sera traditionnellement pris d'assaut par toute une population de secrétaires, employés de banque et autres agents du "tertiaire" navettant, comme on dit, entre les deux côtés de la frontière. Mes quatre voisines de compartiment, qui descendront au premier arrêt, commentent en attendant les menus événements de la journée, le programme de la soirée à venir ("Deux aspirines, une soupe, et hop! au lit...") ou les nouvelles des magazines qu'elles feuillettent et se repassent négligemment, sans les lire vraiment. Glissent derrière les talus quelques jardinets d'automne avec rangées de choux montés en graine, la grille de mots croisés d'une toiture séchant après l'averse, une literie mise à aérer comme langue tirée dans l'encadrement d'une fenêtre et quelques pommes sur les arbres, les dernières, écarlates et dédaignées dans la lumière frisante, si belle, de six heures, celle qui découpe les vaches sur les prairies comme des animaux pour ferme d'enfant.

Le trafic nerveux et calculé des trains courts (deux, trois wagons au plus) desservant les localités proches. Ce soir, Villerupt par Audun-le-Tiche, dans l'agitation et le mouvement d'ombres des retardataires sur le quai. Une bicyclette accrochée guidon en bas dans le wagon de tête balle dans les tournants comme un mouton écorché. Et se demander une nouvelle fois, très fugitivement, pourquoi le sentiment d'absence au monde s'accompagne souvent d'une telle acuité de la perception, à laquelle tous les sens participent, aux aguets. Villerupt donc, et le gravier sonore de la gare, et l'air vif, acidulé par les usines, et une première et dernière halte au café "Au point central", sur la place. Les moulures du plafond y sont caramélisées par la fumée, en harmonie avec les teintes marron glacé du papier peint et les visages creusés des quelques buveurs, au comptoir. Retrouvant au-dehors, dans les plis du vent, l'odeur d'une neige annoncée et les effluves de charbon ancien et de terril mouillé: l'hospitalité, ici, devra se mériter.

Février en suspens, blanc et gourd, qui tient en laisse ses sillons gelés. Entre Thionville et Hagondange, trois silhouettes immobiles, occupées à réchauffer du café sur la braise de deux traverses croisées: un mince filet de fumée qui ira bientôt rejoindre les vapeurs blanches stationnées au-dessus des collines.

Traversant la Lorraine, une fois de plus, dont les quelques hauts fourneaux encore en activité ne doivent pas obnubiler la sorte de beauté calme et comme résignée, celle d'une veuve qui se refuserait à apitoyer quiconque sur son sort. Verdun, Metz, Sedan, Longwy et toutes ces ex-villes de garnison aux remparts ébréchés, l'immense suppositoire dressé du mémorial de Douaumont, dont les lucarnes rondes laissent apercevoir, au ras du sol, un entassement de crânes, de tibias et de poussière d'os. Sur la banquette opposée, deux jeunes recrues de la Légion, flanquées d'un sous-officier qui n'aura pas desserré les dents pendant tout le trajet, somnolent distraitement. Toutes les affaires de l'un tiennent dans un sac en plastique où je crois reconnaître la forme d'une serviette roulée en boule, le manche d'une brosse à dents, les angles d'un passeport. L'autre, la moue butée, plonge périodiquement la main dans sa poche pour consulter une montre sans bracelet. Défilent de l'autre côté de la vitre, dans une lumière changeante selon les tournants, églises de village aux allures de cathédrale miniature, fermes aux façades aveugles et champs inondés, hérissés comme des rizières asiatiques sur fond de collines basses. Sans oublier, à intervalles réguliers, la petite gifle jaune et rectangulaire des champs de colza.

Le temps ferroviaire: d'une consistance aussi particulière que les odeurs qui le traversent, entre l'âcre tabagie des ultimes compartiments fumeurs, les relents de garderie des voitures avec groupes d'enfants et la persistante note de tête, comme disent les parfumeurs,

Gilles Ortlieb

où entrent le revêtement des banquettes, l'air pulsé de la climatisation et un arrière-goût de métal froid. Elastique et sonore (quoique d'une égalité de niveau qui l'apparenterait assez à une forme de bruyant silence), tressautant au passage des aiguillages ou se contractant sous la gifle d'un train lancé en sens inverse, en rase campagne: temps stationnaire, livré à la rêverie la plus sautillante et arbitraire qui soit, mais, là encore, à l'instar des pensées qui tâchent de le distraire, entravé, enclos. Périodiquement, la conscience de sa torpeur, de sa lenteur à passer nous éveille en sursaut, mais pour se diluer bientôt dans des ramifications aussi mouvantes et ténues que la gazeuse traînée d'un nuage achevant de se disloquer dans le blanc cassé d'un ciel lorrain ou champenois.

Juillet tiède, à peine. Humer et reconnaître la tristesse verte et tranquille des étés dans l'Est, où le moindre coup de chaleur suffit à faire tourner un ciel qui n'y est pas habitué. Fond-de-Gras, La Madelaine, puis enjamber tout de même la frontière pour aller assister aux préparatifs du 14 juillet à Longwy-Bas. Un homme en bleu de travail, accoudé à sa fenêtre: "Moi, je m'en fous, j'ai mes provisions pour la soirée..." Par la grille entrouverte d'un collège désert, le claquement d'un ballon résonnant sous un préau et les entêtantes bouffées de fin d'année lâchées par une rangée de troènes en fleurs. Et l'arrêt à Differdange au retour, sous une cavalcade immobile de nuages anthracite, le temps d'apercevoir un amoncellement d'essieux et de traverses huileuses déteignant sur le ballast. Allant se perdre parmi les herbes, les deux parallèles d'une ligne désaffectée, à la tranche encore frottée au papier de verre.

Dans l'express Luxembourg-Trois Vierges-Liège, à peu près désert ce dimanche matin: des volutes de fumée – échappées d'où? – s'élèvent de la tête du train, sans les crachements des locomotives d'autrefois. L'annonce du départ, en français et luxembourgeois, est précédée de six notes simples et rondes qu'il devrait être facile de figurer sur une portée. Se succéderont, durant la petite heure nécessaire pour traverser le pays dans toute sa longueur, les quais luisants et bleutés des petites gares secondaires aux inscriptions immuables: *S/Chef de gare, Chef de gare, Sortie, Voie 1, WC Messieurs, WC Dames*; les renflements des tas de fumier recouverts d'une bâche que maintiennent, ici comme dans toutes les campagnes, des pneus usagés; les zones coupe-feu taillées à la tondeuse dans les coiffures en brosse des collines de sapins; des rochers ruisselants, éclairés çà et là de plaques de mousse aux teintes soufrées et, puis, toujours, les vaches vautrées, dans la plus grande paix, à côté de l'éternelle baignoire abreuvoir.

Vers Trèves. La Moselle étale et grise, encaissée entre deux versants de vignes. Se reflétant dans la vitre du couloir, la silhouette penchée d'un homme lisant dans le compartiment voisin. Forêts nues, champs en jachère et petits jardinets ferroviaires alterneront tout le long du chemin. A quelques dizaines de mètres à peine de la voie ferrée, des péniches gravides s'engagent précautionneusement dans les courbes, par-devant le défilement mécanique des rangées de treilles qui hachent les collines.

La "tectonique des plaques" dans l'assourdissant passage à soufflets qui permet d'accéder au wagon suivant en remontant la rame. S'imprégner de la sensation, aussi mouvante qu'elle est brève, car ces trains seront bientôt d'autrefois. Et retrouver, une fois assis, les portées de la captivité mentale: à dix pas de l'autre côté de la vitre, le défilement cadencé des fils électriques entre les poteaux lorsqu'ils s'affaissent vers leur milieu, s'élèvent à nouveau, vont peut-être s'échapper, ne s'échappent pas, jamais, rattrapés de justesse par le poteau suivant qui les fait plonger à nouveau, les condamnant (et nous avec) à une oscillographie perpétuelle et magnétique.

Et la sonnaille du chariot remontant la travée, faisant très fugitivement songer à la clochette des salutistes ou à l'annonce du "service dîner" sur un paquebot: flots noirs, reflets piquetés des hublots, le double ourlet d'écume s'écartant obliquement de l'étrave, guirlandes de lumières sur le pont et musique douce dans les coursives où les pas sont avalés, assourdis par la moquette, etc., etc. Suffit, revenir plutôt au journal froissé abandonné sur la banquette opposée et à la bouteille vide roulant sous le siège, selon les tournants.

Le train: en somme tout le "plaisir" de l'autre avec la garantie, d'une certaine manière, qu'il le restera. On se frôle, s'observe, s'excuse, se sourit, se salue parfois en partant, et tous ces gestes ne cessent d'être nimbés d'une sorte d'impunité policée qui doit tenir pour beaucoup à la contingence de l'endroit où à l'intime assurance que, dans ce lieu de passage où rien ne peut se passer, les choses (ce rien, précisément) en resteront là.

LÄNGST NOCH NICHT GENUG ZU LERNEN.

Peter Zender
| Irrfahrungen eines Grenzgängers

"D'Muppe sinn all fort."

Die erste Mail, die mich damals an meinem ersten Arbeitstag in Luxemburg vom Bildschirm anstarrte, sagte mir: Nichts. Absolut nichts. Wer oder was in Gottes Namen mögen *Muppen* sein und wo sind die bloß alle hin? Hatte ich beim Einstellungsgespräch vielleicht doch mit meinen blendenden *Lëtzebuergesch*-Kenntnissen zu arg geblufft? Jeder Eifelaner und Trierer kann doch schließlich perfekt Luxemburgisch. Vielleicht nicht sprechen, aber zumindest verstehen, dachte ich immer. Und dann treibt die erste Mail einem anständigen Magister der Germanistik die Röte ins Gesicht, weil alle um einen herum sich über *Muppen* unterhalten, ohne einem in einem belanglosen Nebensatz eine Chance zu geben, den tieferen Sinn dieser kryptischen Sentenz zu ergründen. Ich hatte gute Vorsätze für den ersten Arbeitstag, und dann warf mich nach zehn Minuten ein einzelnes Wort aus der Bahn. Es blieb mir wohl nichts anderes übrig, als meine Unkenntnis offenzulegen. Leider kam ich nicht soweit, weil es erneut in meinem Postfach klingelte. Eine weitere Mail war eingetroffen: *"D'Pecherte sinn ënnerwee."*

Ich verstand wieder: Nichts. Und schlimmer noch: Alle um mich rum ließen schlagartig die *Muppen Muppen* sein und machten sich eilig von dannen. Ich dachte an "Versteckte Kamera" oder irgendeinen schalen Bürowitz auf Neulings Kosten, aber es geschah nichts. Ich schlich also hinterher und fand im Gebäude niemanden mehr vor. Alle waren fort. Wie die *Muppen*. Ich fand meine versammelte Kollegenschar vor dem Haus, wo sie hektisch ihre Fahrzeuge rangierten. Es sah aus wie auf der Knuppautobahn auf dem Rummelplatz. Ich folgerte daraus, dass die *Muppen* zwar fort, dafür aber die *Pecherten* unterwegs waren und dass beides zusammen irgendwie ergab, dass man sein Auto einige Meter zu bewegen hatte.

Seltsam. Ich hatte im neuen Land wohl noch einiges zu lernen.

Einige Wochen später – die verschenkten *Muppen* waren in guten Händen und der tägliche Kampf gegen die *Pecherten* verschaffte auch meinem hektischen Arbeitsalltag eine gewisse Kontinuität – befand ich mich auf dem Heimweg von Bonneweg nach Trier. In endlosen Staus hatte ich eigentlich gelernt, den CD-Player auszulassen und stattdessen der monotonen Stimme von Roland Kalté im Radio zu lauschen, der den täglichen Verkehrsinfarkt ansagte. Ich kannte diesen Mann nicht, aber in meinen Träumen fuhr ich oft durch eine Geisterbahn, während der ACL-Mann aus dem Dunkel mit hämischer Stimme säuselte: "Extrarunde, eine Extrarunde." Dass diese Stimme im Radio kurz vor dem Verkehrsfunk gemeinsam mit anderen humorigen Persönlichkeiten immer noch ein paar Witze zum Besten gab, deren Humor mir oftmals verborgen blieb, verbesserte mein Wohlbefinden kaum. Wie dem auch sei, an jenem schicksalsträchtigen Tag war ich guter Dinge. Die Sonne strahlte, die Autobahn schien frei, das Wochenende stand an. Ich schob die CD in den Schlitz und forderte das Schicksal heraus. Um es vorwegzunehmen: Das Schicksal verliert nicht gerne.

An der Abfahrt Niederanven schlug es erbarmungslos zu.

Während ich gerade mit Hingabe versuchte, einen stimmlich schwierigen Refrain meiner neuen CD zu meistern, ahnte ich noch nicht, dass hinter der nächsten Kurve das Grauen auf mich warten sollte: blinkende Warnleuchten, stehende Lkws dicht an dicht, kurz: Stau. Ich reihte mich zunächst noch sorglos ein in die Heerschar der Verdammten und wartete. Und stand. Und wartete. Ich suchte im Radio die Stimme meiner Alpträume, hoffte auf einen Hinweis, vergeblich. Ich lauschte stattdessen den Ergebnissen der luxemburgischen Fußballligen, dicht gefolgt von Handball und Basketball, während ich viertelstündlich Meter für Meter nach vorne rollte. Zunächst hatte ich vermutet, der lapidare Grund der unfreiwilligen Blechpolonaise sei einmal mehr die beliebte Praxis der luxemburgischen Verkehrswacht, ihre gesammelten roten Hütchen zum Lüften auf die Autobahn zu stellen, um sie einige Tage später in ähnlich lustiger Anordnung anderswo

Peter Zender

zu positionieren. Fiel den fidelen Herren mal kein besserer Platz ein, stellte man sie einfach am Kirchberg ab, weil da eben besonders viel Platz war. Außerdem waren auf der Baustelle auch ab und an zufällig Bauarbeiter anwesend, welche die Hütchen wieder hätten einsammeln können, wenn sie denn gewollt hätten.

Kurz und gut: Dieses Mal war die Autobahn komplett gesperrt, und da mir der Höllenfürst vom ACL sein Donnergrollen verweigerte, wusste ich nicht, warum. Als ich auf die Abfahrt Niederanven zukroch, war ich dennoch guter Dinge, meine zum abendlichen Grillen geladenen Gäste persönlich in Empfang nehmen zu können. Geraume Zeit später wollte ich nach rechts in Richtung Trier abbiegen, aber das Schicksal war auch schon da und nahm auf dem Beifahrersitz Platz: Auch diese Abfahrt war gesperrt.

Mein unbändiger Drang nach Abenteuer, nach neuen Erfahrungen trieb mich wohl dazu, die Sicherheit und Nähe meiner Blechkumpanen zu verlassen und mein Heil auf kleinen Landstraßen zu suchen. Schnell fiel mir ein, dass ich unlängst generös das Angebot meiner luxemburgischen Mitarbeiterin ausgeschlagen hatte, mir eine Karte des Großherzogtums aufzunötigen. Mein Handschuhfach war randvoll mit CDs. Bar jeglichen Orientierungssinnes fuhr ich fortan zunächst mal hier- und mal dorthin, immer auf der Suche nach Hinweisschildern, auf denen nicht Luxemburg stand. Da kam ich her, da wollte ich nimmer hin. Ich fuhr durch malerische Landschaften, durchkreuzte Orte wie Canach, Scheierhaff und andere mir völlig unbekannte Flecken. Ich hoffte an jeder Kreuzung auf einen mir vertrauten Ortsnamen, ich schrie innerlich: Gib mir Grevenmacher, Junglinster, gib mir Echternach. Alles, was ich fand, war Waldbredimus und die französische Grenze. Als ich dann im Radio Sir Roland vernahm, der die Auflösung der Vollsperrung in Richtung Trier verkündete, wollte ich in Tränen ausbrechen. Ich erinnerte mich der Geschichte eines kleinen Jungen in einem Trierer Kaufhaus, der seine Eltern beim Einkaufsbummel verloren hatte und fortan in der Haushaltsabteilung von zwei älteren Verkäuferinnen großgezogen wurde. Vom vielen Rauchen und mangelnden Trinken brannte meine Kehle mittlerweile ebenso wie das Licht meiner Tankanzeige. Die hatte ich völlig aus dem Blickfeld verloren, dafür erschien jetzt vor meinem geistigen Auge die größtmögliche Unwahrscheinlichkeit, die Einstein je hätte berechnen können: In Luxemburg mit leerem Tank liegen zu bleiben. Immerhin hatte ich Zigaretten genug.

Hinter der nächsten Kurve stieg das Schicksal aus: Vielleicht sprach es ähnlich rudimentär Französisch wie ich und wollte dort partout nicht hin. Neben dem Hinweisschild in Richtung Remich, wo ich als Kind immer Blasen vom Schlittschuhlaufen bekommen hatte, war eine Tankstelle. Ich wusste wieder, wo ich hin musste, und bekam sogar die Chance, dort auch anzukommen. Ich war zwar weiter von zuhause entfernt als vor über zwei Stunden, aber in solch prekären Situationen sollte man nicht kleinlich sein. Ich tankte voll, kaufte mir zwei Dosen Bier und eine Straßenkarte von Luxemburg. Gemütlich tuckerte ich an der malerischen Mosel entlang nach Trier, und es störte mich nicht, dass ich sogar von einem Fahrzeug mit belgischem Kennzeichen überholt wurde. Ich hatte meinen Seelenfrieden augenscheinlich wieder.

Als ich die Woche darauf wieder mein Zwiegespräch mit Roland Kalté suchte, tat ich dies mit einer neuen Gelassenheit – griffbereit neben mir lag die Karte des Großherzogtums Luxemburg. Sogar die lustigen Hütchen waren weit und breit nicht zu sehen. Die standen nun sauber aufgereiht auf den Serpentinen in Richtung Trierer Kaiser-Wilhelm-Brücke ...

Die Hochzeitsfeier interessierte mich dabei wenig, wohl aber die Grenze.
Das bloße Wort nahm mich bereits in seinen Bann, und ich kann mich noch genau an die Faszination erinnern, die es auf mich ausübte.
Es hatte etwas Exotisches, Mystisches, die Grenze stand für eine andere Welt,

wie ein Märchen oder wie ein Traum.

Linda Graf
| Grenzsequenzen

Lynn
1971

Ich war mit meinem Vater beim Fischen, als er die Grenze zum ersten Mal erwähnte. Genauer gesagt ging es ihm um die Hochzeitsfeier, die in *Oettange*, einem Eisenbergwerkdorf an der luxemburgisch-französischen Grenze, stattfinden sollte und zu der wir eingeladen waren. Sogleich vergaß ich meinen Kummer über die Fische, die zusammengedrängt und mit blutenden Mündern im Kettenkorb herumschwammen, sowie meinen Plan, den Metalldeckel unter der Wasseroberfläche zu lüften und die Fische in die Weiten der Mosel hinausschwimmen zu lassen.

Grenze. Hochzeitsfeier.

Diese Worte führten mir den Buchumschlag meiner Kinderausgabe von Tausendundeiner Nacht vor Augen, auf dem verschleierte Frauen in bunt wallenden Gewändern abgebildet waren.

Die Hochzeitsfeier interessierte mich dabei wenig, wohl aber die Grenze. Das bloße Wort nahm mich bereits in seinen Bann, und ich kann mich noch genau an die Faszination erinnern, die es auf mich ausübte. Es hatte etwas Exotisches, Mystisches; die Grenze stand für eine andere Welt, wie ein Märchen oder wie ein Traum.

Ich stellte mir eine gläserne Wand vor, die von der Erde hinauf bis in den Himmel reichte, mit einem Tor, unter dem man von einem Land in ein anderes gelangen konnte.

"Wie sieht die Grenze aus?"

"Wie die aussieht? Die sieht man nicht", sagte mein Vater, ein ungeduldiger Erklärer, und schnalzte mit der Zunge.

Ich legte mich ins Gras, blinzelte in den Himmel hinauf und versuchte mir die Unsichtbarkeit der Grenze vorzustellen.

"Wie weiß man", hakte ich nach, "dass man die Grenze erreicht hat, wenn man die Grenze nicht sehen kann?"

"Am Grenzübergang steht ein Häuschen mit Wachen. Wenn man die passiert, dann ist man im Ausland."

Ein Übergang? Wachen! In einem *Häuschen*?

In den zwei Wochen vor der Hochzeitsfeier wurde der Grenzübergang in meiner Vorstellung mal zu einem wildwestlichen Fort, mal zu einer Brücke, die über einer Schlucht schwankte. Die Wachen trugen rote Samtumhänge und hatten Hundsgesichter.

Dann kam der Tag, an dem wir im regentrüben Rümelingen an den Grenzposten, zwei Uniformierten, die wie ganz normale Menschen aussahen, und an einer schmutziggrauen Bude vorbeifuhren. Mein Vater verstand nicht, wieso ich in Tränen ausbrach.

"Wo ist die Grenze?", greinte ich, während mein überforderter Vater den Wagen zu parken versuchte.

Einer der Wachposten kam zur Hochzeitsgesellschaft, die sich bereits vor dem Restaurant eingefunden hatte, herübergeschlendert und unterhielt sich mit meinem Vater. Als mein Vater ausgeredet hatte, fing er zu lachen an.

Er hieß Jean, er hatte schlechte Zähne und beim Lachen klebte die Zigarette an seiner Unterlippe fest. Aber er verstand meine Enttäuschung darüber, dass ich die Grenze nicht sehen konnte. Wir wurden Freunde.

Ich trug ein weißes Kleid, das sich von der Taille abwärts bis zu den Knien wie ein Schirm öffnete, dazu weiße, gehäkelte Socken, doch am Nachmittag waren meine Kleidungsstücke mit grauen Sprenkeln übersät.

Denn vor und auch nach dem ausgedehnten Hochzeitsessen war ich größtenteils da-

Linda Graf

mit beschäftigt, in den schmutzigen Regenpfützen, die sich in den Unebenheiten der Straße gesammelt hatten, von einem Land ins andere zu springen.

Angefeuert wurde ich von einem ebenso unermüdlichen Wachposten, als ich von Frankreich nach Luxemburg und von Luxemburg aus zurück nach Frankreich hüpfte.

"Et hopp, mademoiselle, vous êtes au Luxembourg!"

"Et hopp, vous revoilà en France…"

Marco
1973

In meiner Vorstellung befand sich die Grenze, von der ich die Erwachsenen immer reden hörte, am Horizont, ja, der Horizont *war* die Grenze.

Außerdem war ich lange davon überzeugt, dass wir Luxemburger auf der hiesigen Seite des abgrenzenden Horizonts lebten, und die Jugoslawen auf der anderen Seite.

Ich malte die Grenze, indem ich mit dem Filzstift eine schwarze, vertikale Linie über die Mitte eines Zeichenblatts zog. Denn so sah die Grenze in meinen Augen aus; sie war der schwarze Strich am Horizont, sie war etwas rein Materielles, will sagen, etwas, das ich nicht nur sehen, sondern auch anfassen könnte, wenn ich den Horizont erreichte.

In Esch sah ich nur Straßen, Häuser und Gebäude, hier bekam ich die Grenze am Horizont nie zu Gesicht. Ich sah sie zum ersten Mal in Bellaria, als ich mit meinem Vater und einem bejahrten Fischer aufs Meer hinausfuhr.

Ich hatte sie bereits vom Strand aus erblickt. Da in der Ferne! Da war sie!

Hier konnte ich die glasklare Linie, die Himmel und Meer trennte, endlich mit meinen eigenen Augen sehen, die schwarze Linie, die ich von meinen Zeichnungen her kannte.

Ich war außer mir vor Begeisterung und verlangte, dass mein Vater mich an die Grenze paddelte, an den Horizont. Dann könnten wir die Grenze überqueren und meinem Bruder und meiner Mutter später berichten, wir seien in Jugoslawien gewesen.

Mein Vater fragte, wie ich darauf komme, dass Jugoslawien sich hinter dem Horizont befinde, und überhaupt, der Horizont sei der Horizont und den könne man beim besten Willen nicht erreichen. Ich machte auf stur und motzte, im Grunde aber stimmte die Situation mich weinerlich, ja, ich war leicht verstört, weil meine bisherige Weltanschauung sich als falsch erwiesen hatte.

Wir verbrachten noch einige Tage in Bellaria, während denen ich trotz der Bestätigung meiner Mutter weiterhin Zweifel an der Aussage meines Vaters hegte.

Denn es gab diese Grenze, schließlich konnte ich sie vom Strand aus mit meinen eigenen Augen sehen. Und gleichzeitig (wie sollte ich meinem Vater das abnehmen?) gab es sie nicht und gleichviel wir auch darauf lospaddelten, wir würden sie nie in unserem Fischerkahn erreichen können.

Sandy
1981

Als Kleinkind fuhr ich mehrmals mit meinen Großeltern in die Schweiz. In Italien, kurz vor dem Grenzübergang, pflegte meine Großmutter stets auf den freundschaftlichen Umgang zu sprechen zu kommen, den die Schweiz während des Zweiten Weltkrieges mit Luxemburg unterhalten hatte.

Das hatte zur Folge, dass mich beim Überqueren der Grenze patriotische Regungen durchströmten. Ich war regelrecht stolz darauf, eine Luxemburgerin zu sein.

Um meinem Stolz zu frönen, hielt ich mich während der Grenzüberfahrt sehr aufrecht im Rücksitz, mit hübsch durchgestrecktem Rücken, meinen Rock hatte ich bereits in Italien über den Knien glatt gestrichen, und jedem Zollbeamten, der durch die Fensterscheibe zu mir hinuntersah, präsentierte ich ein, wie mir schien, damenhaftes Lächeln.

Ich war stolz auf das sattgelbe Nummernschild, das vorne und hinten an unserem Wagen prangte und mich als Luxemburgerin auswies.

Vor allem aber erinnere ich mich an meine aufrechte Haltung, in der ich beim Passieren der Grenze auf dem Rücksitz verharrte, weil ich mir wie etwas Besonderes vorkam, wie ein Staatsoberhaupt etwa, eine freundschaftlich gesinnte, hoheitsvolle Prinzessin.

Jim
1962

Jeden Sonntag fuhr von Tetingen aus ein Bus nach *Oettange* auf den Wochenmarkt. Auf der Hinfahrt wurde mir zunehmend mulmiger zumute, und in Rümelingen, noch bevor Herr Wagner, unser Chauffeur, an der französischen Grenze anhielt, um mit dem Wachposten zu plaudern, saß ich bereits schweigend auf Großmutters Schoß.

Frankreich machte mir Angst. Kaum lag Luxemburg hinter uns, schon veränderte sich die Welt auf unvorteilhafte Weise. Im Straßenbelag waren Löcher, deren Tiefe Herr Wagner aufgrund des angesammelten Regenwassers nie einzuschätzen lernte, und während unserer Holperfahrt sah ich zerknautschte Zigarettenpäckchen und Autoantennen auf den Gehsteigen herumliegen.

In *Oettange* drängten die grauschmutzigen Siedlungshäuser der Eisenerzarbeiter sich mit, wie mir schien, traurigen Gesichtsausdrücken aneinander. Und beim Anblick der verbeulten, lieblos gehaltenen Autos war ich erst recht schockiert.

Hinter der Grenze war die Welt grau und schmutzig, und ich hatte einen Riesenbammel, wenn ich an Großmutters Hand über den Markt schritt.

Doch hier wurden verlockende Herrlichkeiten angeboten, die in krassem Gegensatz zu der ärmlichen Umgebung standen. Es gab Hennen, die mit den Flügeln um sich schlugen, einen Schießstand, Welpen in Pappkartons, einen Leierkastenmann …

Und schließlich sah ich Karamelle (so nannte ich sie, deren richtigen Namen ich nie erfahren sollte) jeden Sonntag wieder. Sie ließ meine Bonbons in Tütchen aus Zeitungspapier prasseln, Zuckerwürfel in Himbeer-Zitrone und orangefarben, deren Kanten einem beim Lutschen Risse am Gaumen und in der Zunge zufügten.

Nun ergab es sich jeden Sonntag, dass meine Angst allmählich verflog und sich schließlich vollkommen legte, wenn ich die französischen Lieferwagen der Fleischer erblickte.

Es waren dies Citroëns der Marke HY, mit einer Wellblechkarosserie, und es war vor allem die Aufschrift, die mich in eine behaglich beruhigende Stimmung versetzte. Sie lautete: *VIANDES*.

VIANDES, ich las das Wort phonetisch, mit kurz und kräftig betontem A und zischendem S, und bis zu meinem neunten Lebensjahr kam es mir nicht in den Sinn, die Aufschrift in französischer Sprache zu lesen oder gar auszusprechen.

Wenn sich ganze Wagenladungen von Luxemburgern aus Vianden in *Oettange* einfanden, so meine Überlegung, dann waren wir zu Hunderten auf dem Wochenmarkt. Sogleich fühlte ich mich heimischer unter den Franzosen.

Nadia
1969

Als Kind lebte ich in Wasserbillig. Hier bildet die Mosel eine natürliche Grenze zwischen Luxemburg und Deutschland.

Für mich war die Grenze ein Fluss mit Enten, Lastkähnen, Schwänen und Spritzpartien im Sommer. Die Grenze war aber auch die Brücke, die über den Fluss führte, und die wir überqueren mussten, wenn wir zum Kauf von preiswerteren Kleidern nach Trier fuhren. Damals waren noch Zollgebühren auf die im Ausland erstandenen Einkäufe zu entrichten, und wenn wir mit unseren neu erworbenen Kleidern nach Luxemburg zurückkehrten, richteten wir es so ein, dass wir die Blusen, Röcke und Hosen am Leib trugen. Die abgetragenen Kleider knautschten wir in eine Plastiktüte, die wir unter dem Beifahrersitz verstauten.

Als ich vierzehn war, kamen knöchellange Mäntel, so genannte Maximäntel in Mode.

Bei einem unserer Einkäufe in Trier lag ich meiner Mutter so lange in den Ohren, bis sie mir einen Maximantel kaufte. Mit diesem Mantel würde ich die modische Avantgarde in Wasserbillig bilden.

Am Grenzübergang steckte der deutsche Zollbeamte seinen Zeigefinger zum Wagen-
fenster hinein und wies an meinem Vater vorbei auf den Rücksitz, auf dem ich in
meinem Maximantel saß.

"Der is' neu!"

"Den hab ich schon lange!", verteidigte ich meinen Besitz, aber der Zollbeamte hieß
mich aussteigen, um den grauweichen Stoff zu betasten.

Doch kaum hatte er meinen Arm berührt, als meine Mutter wie eine Furie vom Beifahrersitz hoch und aus dem Wagen schoss, um mir zuhilfe zu eilen.

"Lo loosst der direkt är knaschteg Patt vun deem Kand do wech!", herrschte sie den Zollbeamten an und verpasste mir einen Stoß, unter dessen Wucht ich zurück in den Wagen
stolperte.

Kaum zehn Minuten später zeigte ich mich in den Straßen von Wasserbillig. In meinem neuen Mantel, der mir vom Hals bis zu den Knöcheln reichte.

Jay
1965

In meiner Kindheit gab es keine Grenzen. Ich lebte mit meiner Familie in Winnipeg, in
der Provinz Manitoba. Um meine Großeltern in Vancouver zu besuchen, mussten wir
eine tagelange Autofahrt auf uns nehmen, während der wir vier verschiedene Provinzen
durchquerten. Damit die Hinreise keine gesamte Woche in Anspruch nahm, waren wir
pausenlos *on the road*, wobei meine Mutter und mein Vater sich in einem Achtstunden-
rhythmus beim Fahren abzuwechseln pflegten.

Wir fuhren eine Ewigkeit durch schier unbegrenztes Land, in dem einzig die Holz-
schilder am Straßenrand darauf hinwiesen, dass wir uns nun in einer anderen Provinz
befanden.

Welcome in Saskatchewan, hieß es beispielsweise, und nun zogen ausgedehnte Weizen- und Maisfelder an meinen Augen vorbei, stundenlang, und nach dieser abwechslungslosen Fahrt durch die Prärie war der Getreidesilo in Regina eine Augenweide. Die ungeduldig herbeigesehnte Vertikale in einer endlosen Ebene.

Nach einer weiteren Ewigkeit, mir kam während diesen langen Fahrten jegliches Zeitgespür abhanden, hieß es dann: *Welcome in Alberta*.

Das Land war immer noch flach wie Schnittholz, aber die Öde des Farmlands lag nun hinter uns. Alberta war Cowboyland, und ich bekam jede Menge Ranchs und zig grasende Pferde zu Gesicht.

Alberta ist die Provinz der Pferdehaltung und der Rodeos, hier fährt jeder einen Pickup-Truck, Männer und Frauen tragen Stetsons und Lederstiefel, und die LKW-Fahrer sehen wie bärtige Pioniere aus.

Vater hörte Johnny Cash im Radio, und ich sah Land und nochmals Land vorüberziehen ... Oft streckte ich mich auf dem Rücksitz aus und schaute in den Himmel hinauf, der vorbeizurasen schien, während wir stillstanden.

Wenn Mutter über dem Schwatzen eindöste, sank ihr Kopf gegen die Fensterscheibe. *Welcome in British Columbia*.

Beim Aufwachen hauchte sie den Fettfleck an, den der Abdruck ihrer Stirn auf der Fensterscheibe hinterlassen hatte und versuchte ihn mit dem Ärmel wegzuwischen.

Die so genannten Grenzen entdeckte ich erst, als ich in den Achtzigern nach Europa kam. Da hatten sie in meinen Augen etwas Nostalgisches, wie ein geschichtliches Überbleibsel. Aber sie hatten auch etwas Romantisches, Verklärtes (Jay lacht), wie das Paris der Piaf oder wie der Prater in Wien.

un peu bateau ivre; comment nier que ce bateau soit fait de planches qui furent des arbres dont les racines se nour- rirent dans la glaise ou le sable? Les lieux façonnent les arts, comment le contester? Même si l'on se souhaite parfois

Claude Raucy
| Frontières

Il est des thèmes auxquels un écrivain ne peut échapper. Les frontières sont de ceux-là, soit qu'il les supporte, ces frontières, soit qu'il les nie, soit qu'il les transgresse, soit qu'il les invente.

Les frontières de mon enfance ont sans doute nourri une bonne part de mon œuvre. La première, la plus proche, elle fut faite de beurre passé en fraude, puis, la paix revenue et le beurre de nouveau gentiment livré par des vaches sans nationalité précise, ce fut le vin – et parfois les fruits. Ces derniers sous l'œil bienveillant de douaniers un peu diététiciens. Les vins, dans des gourdes de père frontalier vidées de leur café ou sous d'amples imperméables quand il pleuvait, de larges manteaux quand il gelait. Toujours avec aux joues un rouge plus foncé que la boisson qu'on dissimulait. Et, encore enfant, l'incompréhension face à ces adultes qui mentaient, n'ayant rien à déclarer alors qu'on aurait voulu affirmer tant de choses. Et notamment qu'on était heureux en France, ce pays si voisin, parce que le camembert y coulait plus tendre et que la bonne humeur y semblait plus à l'affiche, même un peu forcée.

Mais le seul véritable charme de ces passages clandestins était la découverte de petits chemins pas encore asphaltés, que l'été bordait d'iris sauvages du plus beau jaune ou de mirabelliers coquets.

Le Luxembourg, le Grand, était un peu plus éloigné de ma Gaume natale et je n'y vins qu'adolescent. Avais-je l'impression de passer une frontière? Pas vraiment. Déjà que chez nous les pièces luxembourgeoises côtoyaient dans le porte-monnaie leurs homologues bien belges. Et puis le passé commun se comptait en siècles, contrairement à la France. Malgré les changements de ducs ou de princes, le Luxembourg, en effet, c'était un rocher solide que nous avions partagé, les Grands-ducaux et moi. Et le nom même du pays ou de la province ajoutait à la confusion. D'ailleurs, nous entendions nos aînés étudiants chanter le Luxembourg, terre maternelle, en terminant par cette phrase à l'allure un peu nationaliste quand même: "Il n'est ici que des Luxembourgeois."

Par la suite, toute frontière abolie avec notre voisin grand-ducal, cette confusion d'un Etat et d'une province m'obligea à de bien savantes dissertations pas toujours comprises. C'est ainsi que je ne crois pas avoir réussi la leçon dans laquelle j'expliquais à cette Vénitienne pourtant lettrée comment une province pouvait s'appeler "de Luxembourg" alors que la ville à laquelle la dénomination faisait référence se trouvait dans un autre Etat. Y a-t-il ailleurs dans le monde un autre exemple de la chose?

Y a-t-il au monde des archives comme celles de ma ville, Virton pour ne pas la citer, dans lesquelles on peut lire que l'on se trouvait là au Grand-Duché de Luxembourg alors que la Belgique était déjà indépendante, avec un texte rédigé dans la langue officielle du moment (et du Prince): le néerlandais? Le néerlandais langue officielle de la petite capitale gaumaise: voilà de quoi résoudre tous les problèmes linguistiques, non?

La frontière avec l'Allemagne fut plus pénible à passer. Quelques années après la guerre, je me trouvais à Cologne, à peine reconstruite. L'avis du haut-parleur de la gare me glaça. Il n'annonçait pourtant que l'arrivée d'un train ou un changement de voie. Mais cette langue n'était liée pour moi qu'à des ordres sortis un peu auparavant de la bouche de soldats qui m'effrayaient, même s'ils ne me menaçaient pas. La langue rude, les ruines: il me semblait entrer dans un pays de dur cinéma, un pays où je ne pourrais jamais vivre.

Comment pouvais-je deviner à l'époque que l'Allemagne deviendrait pour moi ce merveilleux Eifel si souvent parcouru en auto-stop, mon adolescence finissant, cette région qui prolongeait mon Ardenne avec plus de douceur dans le paysage et plus d'aménité parfois dans la conversation des gens? Plus tard, je connus Berlin, où tout de suite je me sentis chez moi, mais ceci est une autre histoire.

Les lieux façonnent les arts, comment le contester? Même si l'on se souhaite parfois un peu bateau ivre, comment nier que ce bateau soit fait de planches qui furent des arbres dont les racines se nourrirent dans la glaise ou le sable? Mes racines sont d'ici mais je ne

Claude Raucy

les connais vraiment que quand je suis loin d'elles. C'est au Canada que j'ai senti que j'étais européen. C'est dans les Pouilles que j'ai compris que j'étais flamand, comme Verhaeren, sans problème de langue. Peut-être devrais-je aller dans la Lune pour savoir ce qu'est vraiment un Terrien?

Quant aux frontières, elles me sont nécessaires pour pouvoir les oublier. Comme en amitié, comme en amour. Passer outre. Etre encore soi et déjà plus soi. Se permettre de partager un autre territoire, fût-il de muscles et de rires.

Mais peut-être tout cela est-il plus simple encore que ce que j'imagine. Peut-être faut-il avoir connu les murs et les haies pour apprécier de les sauter ou de les détruire. Ou de les respecter, tout simplement.

Alors, mes frontières, oui, je les veux comme cela: de vieux murs couverts de lierre qui n'empêchent pas les enfants d'aller jouer de l'autre côté.

"Gerade beugte ich mich nach vorne, um die Schnürsenkel meiner Schuhe zu lockern,
als jemand fragte:
Entschuldigen Sie bitte, dürfen wir uns für einen Moment
zu Ihnen setzen?"

Arno Strobel
| Feuerland

Ein langer, nervenaufreibender Arbeitstag lag hinter mir und ich fühlte mich ausgebrannt und leer, als ich meinen Wagen langsam aus der Tiefgarage der Bank steuerte. Einem spontanen Gedanken folgend, bog ich hinter der Ausfahrt jedoch nicht nach rechts zur Autobahnauffahrt Kirchberg ab, sondern in die entgegengesetzte Richtung. Ich hatte keine Lust auf die Hektik und das Tempo der Autobahn, wo Pendler wie ich sich Stoßstange an Stoßstange in Richtung Trier nötigten. An diesem Sommerabend stand mir der Sinn nach Landstraße, nach einem gemütlichen Heimweg durch Dörfer und an Wiesen und Feldern vorbei.

Ich weiß nicht mehr, welches Dorf es war, und ich kann auch nicht sagen, warum die hölzerne Bank am Ortsausgang stumm dazu einlud anzuhalten, mich auf ihr niederzulassen und einfach einen Moment an diesem Ort zu verweilen. Normalerweise nahm ich Dinge wie eine Holzbank am Straßenrand kaum wahr, bestenfalls als vergammeltes Standardrequisit einer Landschaft, die als kaum bemerkte Randdekoration einfach zu einer Autofahrt gehört.

An dieser jedoch schien mich etwas magisch anzuziehen.

Das letzte Haus des Dorfes war etwa fünfzig Meter entfernt und der sorgfältig gemähte Platz um die Bank herum bildete den Anfang einer Wiese, die sich, nur hier und da durch die dunkle Silhouette eines Baumes unterbrochen, flach bis zum Horizont erstreckte. Ein schöner Ort. Hier konnte ich den Arbeitstag hinter mir lassen und einige Minuten entspannen.

Gerade beugte ich mich nach vorne, um die Schnürsenkel meiner Schuhe zu lockern, als jemand fragte: "Entschuldigen Sie bitte, dürfen wir uns für einen Moment zu Ihnen setzen?"

Überrascht sah ich auf und blickte in zwei Gesichter, die wohl schon weit mehr als siebzig Sommer erlebt hatten.

Das Paar stand eng umschlungen vor mir, und während er mir ein Lächeln schenkte, das mich angenehm warm berührte, streichelte er ihr zärtlich mit der Rückseite des Zeigefingers über die faltige Wange.

Das Ungewohnte dieses Bildes ließ mich einen Moment zögern, doch schließlich nickte ich und rutschte ans äußere Ende der Bank.

"Ja, bitte, setzen Sie sich."

"Wir danken Ihnen", sagte er und half ihr dabei, sich langsam auf die Sitzfläche niederzulassen. Dann setzte er sich neben sie, legte ihr wieder den Arm um die Schulter und zog sie dicht zu sich heran. Mit der freien Hand strich er ihr mehrmals über das schneeweiße Haar, bevor er sie dann sanft auf ihre Hand legte.

Ich bemerkte gleichzeitig mit ihm, dass ich die beiden unentwegt anstarrte. Das Gefühl, ertappt worden zu sein, ließ ein Prickeln auf meinen Wangen entstehen.

"Junger Mann, wir scheinen Ihr Interesse geweckt zu haben", sagte er freundlich. "Das ist schön. Wir freuen uns immer, wenn junge Menschen sich für uns interessieren. Sie sind Deutscher, nicht wahr?" Dabei deutete er mit dem Kopf zu meinem Auto mit dem Trierer Kennzeichen.

"Ja, ich wohne in Trier", antwortete ich. "Ich arbeite bei einer Bank auf dem Kirchberg und habe hier angehalten, weil der Platz mir so gut gefallen hat."

Ich fühlte, wie sich die Röte in einem neuen Schub über mein Gesicht zog. "Entschuldigen Sie bitte, dass ich Sie angestarrt habe. Man sieht selten ein Paar in Ihrem Alter, das noch so zärtlich miteinander umgeht. Wohnen Sie hier in diesem Ort?"

Nun beugte sie sich etwas nach vorne, so dass sie mich an ihm vorbei ansehen konnte. Ihr Lächeln war ebenso warmherzig wie seines.

Arno Strobel

"Wir leben in Feuerland", sagte sie, dann lehnte sie sich wieder zurück und ließ sich von ihm weiter das Haar streicheln.

"Sie leben in Feuerland?", fragte ich verblüfft. "Das ist sehr weit weg. Machen Sie hier Urlaub?"

Er lächelte nachsichtig. "Nein, nein. Wir wohnen hier im Dorf, aber wir leben in Feuerland."

Ich sah meine ausgestreckten Füße an und versuchte, die Worte zu verstehen. Es gelang mir nicht.

"Entschuldigen Sie, wenn wir Sie verwirren", sagte er nachsichtig. "Ich möchte es Ihnen gerne erklären, wenn es Ihnen nicht zu langweilig erscheint."

Ich schüttelte heftig den Kopf. "Nein, auf keinen Fall ist das langweilig. Ganz im Gegenteil, es klingt sehr interessant. Bitte, erklären Sie es mir."

Er gab ihr lächelnd einen Kuss auf die Stirn und sah ihr lange in die Augen, so, als suche er darin ihre Zustimmung. Dann wandte er sich mir wieder zu und erzählte: "Wissen Sie, woher der Name Feuerland kommt? *Tierra del Fuego* – Land des Feuers. Er stammt von den vielen Feuerstellen, die durch die Seefahrer entlang der Küste beobachtet wurden. Die Indianer benutzten die Feuerstellen nachts als lebensnotwendige Wärmequelle. Das haben wir zum Leitbild unserer Ehe gemacht, als wir vor zweiundfünfzig Jahren geheiratet haben."

"Zweiundfünfzig Jahre", wiederholte ich leise, fast flüsternd, und er musste die Ehrfurcht in meiner Stimme bemerkt haben, denn er nickte lächelnd.

"Ja, zweiundfünfzig Jahre. Wir haben zu unserer Hochzeit ein Feuer angezündet, an dem wir uns wärmen können, das uns jederzeit Kraft und Leben spendet. Immer dann, wenn wir im Laufe unseres gemeinsamen Lebens merkten, dass die Flammen niedriger wurden, legte einer von uns beiden einen Scheit nach. Es gab einige Stürme in unserem Leben und heftiger Regen versuchte es zu löschen, aber wir haben stets auf unser Feuer geachtet und es vor allen Einflüssen beschützt. Die Flammen sind nie erloschen, weil wir nie vergessen haben, dass wir in Feuerland leben und dass die Wärme dieses Feuers lebensnotwendig für uns ist. Und immer, wenn wir Menschen treffen, die so aussehen, als hätten sie ihr Feuer irgendwann ausgehen lassen, erzählen wir ihnen von Feuerland."

"Denken Sie, ich hätte ein Feuer ausgehen lassen? Wie kommen sie darauf?", fragte ich nachdenklich.

Nun beugte sie sich wieder lächelnd nach vorne.

"Hätten Sie sich sonst über uns gewundert?"

Als ich nach Hause kam, marschierte ich nicht wie sonst nach einem kurz in Richtung Küche gerufenen "Hallo" sofort in mein Büro, um den Computer anzuschalten, meine Mailbox zu kontrollieren und die neuesten Nachrichten der Finanzwelt im Internet abzurufen.

An diesem Abend stellte ich meine Tasche im Flur ab und ging zu Karin in die Küche, umschlang sie von hinten und küsste sie in den Nacken. Als sie sich umdrehte und mich überrascht ansah, nahm ich sie in den Arm und gab ihr einen langen, zarten Kuss.

Sie sah mich groß an und lächelte verlegen.

"Was ist denn mit dir los? Und ... und wo warst du so lange?"

"Ich war in Feuerland", antwortete ich und küsste sie noch einmal.

"Kennst du Feuerland?"

Am Duerf ass d'Kierch zougespaart. Am Duerf sinn awer Leit an den Haiser. Si koschtere virun den Dieren. E Bouf hëlt säi Vëlo aus der Garage. Hie kuckt mech. Hie kennt mech nët a rennt fort.

LECH SINN EEGNLLET

Marielys Flammang
| Pendler

Ech sinn e Pendler, dat heescht, ech ginn eréischt een, iwwermar. E Pendler ass een, dee wéi de Pendel vun enger Auer hin an hir pendelt. Ech wir léiwer keen, ma et huet kee mech gefrot.

Bis gëschter hunn ech zu Kielen gewunnt, no bei der Schoul. Ech sinn am sechste Schouljoer. Elo sëtzen ech hei éierens an der Belsch, zu Vance, wann der wësst, wou dat ass. Vance heescht op Lëtzebuergesch Vanen. Et läit um Bord vum Areler Land. Am Areler Land hätten d'Leit fréier Lëtzebuergesch geschwat, seet mäi Papp. Hien hat, wéi e kleng war, eng Tatta zu Frellen. Frellen ass och am Areler Land. Et sief. Mengem Papp seng Tatta ass dout an ech sinn och méi u Kanner interesséiert wéi un alen Tattaen. Kanner kennen ech keng hei.

Et ass Fuesvakanz. Mir sinn dat lescht Haus niewent enger Strooss, déi ausgesäit wéi eng breet Vëlospist. Ech huele mäi Vëlo a fuere bis an d'Duerf. Bei eise Noperen ass keen doheem. Et sinn elauter nei Haiser. Déi meescht stinn op grousse Bauplaze mat Klunschen a Rutschbahnen. Ma d'Kanner, fir déi déi Spillsaache sinn, an d'Eltere vun de Kanner si nit doheem.

Meng Mamm fäert, ech kéint ze wäit rennen an dann de Wee nit fannen, fir erém heem. Heem ass gutt gesot. Hei zu Vanen sinn ech nit doheem. Zu Kielen war ech doheem, an eiser Gaass, matzen am Duerf, wou et Haiser gouf, wou och een dra war, an nit nëmme Villaen, mat deieren Alarmanlagen, wou keen doheem ass. Ech huelen den Handy mat op de Vëlo, fir meng Mamm ze beroueggen.

Am Duerf ass d'Kierch zougespaart. Am Duerf sinn awer Leit an den Haiser. Si koschtere virun den Dieren. E Bouf hëlt säi Vëlo aus der Garage. Hie kuckt mech, kennt mech nit a rennt fort. Ech fuere bis op eng Kräizung. Do geet et op Arel, op Etalle oder op Chantemelle. Arel ass mer e Begrëff. Zu Arel war ech schonn um Maart. Déi aner Uertschafte kennen ech nit.

Ech fueren zréck. Ech leeë mech an d'Bett.

Wou konnte meng Elteren nëmmen hir bauen, wou mer dach zu Kielen eis Frënn hunn, si an ech och. Wat hu mer vun engem groussen Haus, wa mer ganz eleng sinn?

Meng Eltere paken aus a raumen an. Ech géif liesen, ma ech si nit mat de Gedanken derbäi. Ech hunn d'Flemm.

Ech héiere mäi Papp mat der Buermaschinn schaffen. E rifft mech. Ech äntwere nit. E soll säin neit Haus selwer ariichten. Hie wollt jo dem Honn hanne wunne goen, wäit vun doheem.

Et ramouert beim Noper. En Auto hält stall. Ech sprangen aus dem Bett fir ze luussen. Fënnef Leit klammen aus dem Auto: E Jong, e bëssi méi kleng wéi ech, zwee Meedercher, vill méi kleng wéi de Jong, eng Mamm mat roude Baken, e Papp mat engem Schnurres. D'Kanner an d'Eltere schwätzen a laachen duercherneen, op zwou verschidde Sproochen, déi eng ass Franséisch, déi aner kennen ech nit.

Meng Mamm a mäi Papp schéngen d'Leit schonn ze kennen. Si waren alt emol am Haus fir ze botzen. Si lueden s' an op e Glas Schampes. Si schwätze Franséisch mat hinnen. D'Mamm mat de roude Baken schwätzt Heckefranséisch. Ech och, ma si schwätzt anescht wéi ech. Si ass eng Dänin. Si mécht sech näischt aus hirem Heckefranséisch. Si quatscht nëmmen drop lass.

Ech weisen de Kanner meng Kummer. De Jong heescht Jan. Hien interesséiert sech fir meng Bicher. De Jong ka gutt Franséisch, ma bal keen Däitsch. Hien ass zu Habech am Lycée. Habech ass Habaye-la-Neuve. Hie seet, hie géif och Lëtzebuergesch verstoen. Ech kann dat bal nit gleewen, ma 't ass eng Tatsaach. Lëtzebuergesch huet e geléiert bei sengem Bopi 3 a bei senge lëtzebuergesche Schoulkomeroden zu Habech.

Déi aner Kanner hu gewéinlech nëmmen zwéi Bopien, ma de Jan huet der dräi. Dien drëtten ass geléint. E wunnt zu Suess. En huet de Jan versuergt, wéi en nach an der

Marielys Flammang

Primärschoul war. De Jan huet och eng Suesser Bomi, ma déi nennt en einfach Bomi ouni Ziffer derbäi, well seng dänesch Bomi schonn dout ass. Dat ass alles e bëssi komplizéiert.

Déi zwee Meedercher loossen äis eleng. Si versti kee Lëtzebuergesch.

De Jan wonnert sech, dass ech kee Markegezei unhunn, wéi seng Lëtzebuerger Schoulkomeroden zu Habaye-la-Neuve. Hien hat gemengt, all Lëtzebuerger Kanner hätte Markegezei un.

De Jan muss geschwë fort, seng Wallis auspaken. E Méinde gi seng Elteren eröm schaffen an hie muss an d'Schoul.

Mir fueren deen anere Muere mam Vëlo op Suess (Sampont) bei d'Kierch. De Jan weess, dass d'Sonndesmass do um ning Auer ugeet an dass en seng geléinte Grousselteren do fënt.

Mir fuere queesch iwwert e knubbelege Feldwee, dann no rechts an e butzegt Duerf. "Villers-la-Tortue" liesen ech um Schëld.

"La Tortrue", seet de Jan. Ech weess nit, wat "Tortrue" ass. Hien och nit. Mir fueren nach e puer mol ëm eng Kéier an da si mer do.

Al Leit am sondesse Gezei sinn ënnerwee fir an d'Kierch. Mir stellen eis Vëloen an e Gestell a mir späeren se. De Jan gesäit säi Bopi nit. En ass bestëmmt schonn dobannen, well d'laut af. Mir ginn an d'Kierch. De Jan kuckt ronderëm. E wéinkt engem schéinen, groussen, groe Mann mat engem Baart an e weist op mech. De Mann zitt d'Schëlleren. Hie kennt mech nit. De Jan schwätzt mat him eng Zeechesprooch. Duerno seet en: "On va prendre le petit déjeuner chez lui après la messe."

De Paschtouer ass e Schwaarzen. E schwätzt Franséisch. Just d'Fürbitte liest eng Fra op Lëtzebuergesch.

Sonndesmueres gëtt et Mëtsche beim Bopi 3. D'Bomi war nit an d'Mass. 't ass hir nit hanne wéi vir, seet se. Si huet vëlleche Mëtschen kaaft, well se sech scho geduecht hat, dass de Jan kéim. Anstatt "kéim" seet se "kréim".

De Jan muss alles aus senger Vakanz erzielen. Duerno ass et u mir. Ech soen, dass ech nach op Kielen an d'Schoul muss, dass ech vläicht dat nächst Joer zu Mamer an de Lycée ginn, dass mäi Papp um Kierchbierg schafft, an der Banque du Luxembourg, dass meng Mamm Infirmière ass am Kierchbierger Spidol, dass mäi Papp mech virun der Aarbecht op Kielen féiert. "O Mamm", seet de Bopi 3. "Mueres um halwer aacht sinn d'Stroossen all verstoppt, a wann s de ze fréi fiers, dann ass d'Schoul zu Kielen nach zou." Ech schneiden eng Schëpp. "Probéiert et, wann et nit geet, ech kéint dech féieren. Ech kéint e bëssi fréi fueren an da waarden, bis d'Schoul opgéing", seet de Bopi 3. Zu Kielen ass zwar eng Maison de Relais, ma dat soen ech nit, soss muss ech och nach duerdran. Dat gefällt mer nit.

"E räicht Land ass näischt Schéines!", seet de Bopi 3. Dat versti mir nit, de Jan an ech. De Bopi 3 laacht. E réckelt d'Kaffistasen an d'Mëtschen op d'Säit. En hëlt e Blat, e moolt d'Grenze vum Lëtzebuerger Land drop, a ronderëm elauter rout Feiler, déi op Lëtzebuerg weisen. "Déi Feiler sinn d'Pendler, déi all Dag op Lëtzebuerg fueren, fir ze schaffen, oder fir ze tanken, an elo geschwënn och nach fir anzekafen." Hie moolt blo Feiler an déi aner Richtung. "An da rennen s' erëm all heem. D'Pendler fëllen de Lëtzebuerger hire Staatsbeidel. Déi mat den déckste Peie kafen eng Wunneng am Ländchen. D'Bauplaze gi méi deier an déi Lëtzebuerger, déi nit räich genuch sinn, fir an hirem Land wunnen ze bleiwen, plënneren iwwert d'Grenz."

Ech weess dat nach ze gutt, ma ech héieren et nit gäer. "Zu Kielen wunnen och Portugisen", soen ech, "déi sinn nit räich." – "Dach!", seet de Mann. "D'Portugisen hunn e Räichtum, deen d'Lëtzebuerger verluer hunn. Si schaffe mat hiren Hänn a si héilefen een deem aner. Si kafen al Braken a si renovéiere se. Du bass scho fort vu Kielen. Et kommen der nach, déi sech Lëtzebuerg nit méi kënne leeschten."

Ech gi béis. Hien zitt de *Rendez-Vous* erbäi. Dat ass eng Zeitung, wou alles dra steet, wat zu Lëtzebuerg lass ass. E weist mer Fotoen. Iwwert de Fotoe steet grouss geschriwwen: "Luxembourg is Disneyland". Op enger Foto si rompeleg Hänn vun enger Giedel. Si huet opgepéchte laang Neel, déi gemustert si wéi Schlaangenhait. Virun hir läit e Bréil mat engem Bréilegestell mat Pärelen an aus gekréngeltem Gold. Eng aner Foto weist zwéi Pättere mat Schampesglieser am Grapp a mat deieren, seidene Schalen ëm den Hals. "Dat sinn d'Lëtzebuerger vu mar", seet de Bopi 3. "'t ass nit wouer", protestéieren ech. Hie laacht. "Ech kennen d'Lëtzebuerger gutt", seet en. Soss hu se gelaacht iwwert jiddereen, die getéint huet an den Décke wollt markéieren. Uewenerëm de Spëtzekranz, ënnenerëm de Läpp nit ganz, soten se dann. "Ma si hu sech geännert." En déinkt no. "Vläicht sinn hir Peien ze séier an d'Luucht gaang", seet en, "a si hunn dat nit verdroen."

Deen aneren Dag ass máin éischten Dag als Pendler. Mäi Papp kéint an eng Schlaang, soubal en op der Autobunn ass. E flucht. Ech loossen e fluchen. Dat schuet him näischt.

E soll gesinn, wat en äis agebrecht huet mat sengem blöde Geplënners.

Vläicht fueren ech mar awer mam Bopi 3, och wann ech nit gär héieren, wat e seet. Ganz falsch ass et nit, leider!

Ma eent ass sécher: Ech ginn en Handwierker, wann ech grouss sinn, an da kafen ech mer zu Kielen eng al Brak wéi d'Portugisen. Déi renovéieren ech da mat menge Frënn a mat mengen Hänn. Wat si kënnen, kann ech och!

Und all dies, ohne ein einziges Mal die Sprache zu sprechen, die man am luxemburgischen Ufer der Mosel spricht, ouni ee Wuert Lëtzebuergesch. Da hätte es auch so kalt und fremd geklungen, als es hieß: "Tu cesseras d'être un doux fleuve, inutile et romantique. Je te fais canal. Tu porteras le charbon et l'acier de l'Europe à Six.

Lex Jacoby
| Wo die Grenzen flossen, wo die Grenze fließt

Im Luxemburger Osten fließt die Grenze zwischen Frankreich und Deutschland. Wie sie fließt, hat sie links und rechts ihre Quellen in den vielen Tat- und Untat-Sachen der Geschichte, und dann entspringt sie auch mit der Mosel bei Bussang, am Berg Drumont, dem Druidenberg in den Vogesen.

Das Quellgebiet der Mosel ist von altem Adel. Es erinnert mit den Vokabeln "bó" und "geis" an verzauberte und wilde Rinder, oder war es vielleicht das gälische "uisge", das den Vogesen, dem Wasgenwald, den "Vosges" den Namen gab? "Uisge" heißt Wasser. Und nun fließt die Mosel mit ihren Wassern durch altes Keltenland, aus der Lorraine an Luxemburg vorbei ins Deutsche.

Als französische "Moselle" kommt sie über Remiremont, Epinal, Charmes, Metz und Thionville in die Dreiländerecke. Von Schengen bis Wasserbillig bildet sie als luxemburgische "Musel" die Grenze zwischen dem Großherzogtum und Deutschland. Als deutsche Mosel fließt sie von der Grenze fort hinab zum Rhein. Von Bussang bis Koblenz schwimmen französische, luxemburgische und deutsche Spiegelbilder mit.

In Trier stoßen der Mosel die dunklen Steine auf, die an das *Imperium Romanum* und an die *Pax Romana* erinnern. Die Mosel mag die großen Reiche der Weltgeschichte nicht. Sie hat auch ihre Zweifel an dem römischen Frieden, der mit Schlachtenlärm begann und mit Schlachtenlärm endete. Dagegen erinnert sie sich gerne an die Zeit, in der die Zeit nur Tag und Nacht war, als man den Lauf der Zeit noch nicht nach Jahren und Jahrzehnten zählte und die Wegstrecken nicht nach Meilen oder Kilometern. Da hat sie auch heute noch ihre Freude am "Kiem", am keltischen "caminus", an den alten Wegen, an denen sie zwischen Bussang und Koblenz vorbeikommt und auf denen schon keltische Menschen gegangen und keltische Wagen gefahren waren, lange bevor Rom sie zu den Eroberungsstraßen ausbauen ließ, die in den Schul- und Geschichtsbüchern Römerstraßen heißen.

Die Mosel hatte die Leute nie gemocht, die aus den gallischen Landschaften römisches Land und aus den gallischen Menschen römische Untertanen machten. Von Tacitus, der sie in seinen Annalen und Historien erwähnte, will sie nichts wissen. Nur an Ausonius, den Gallier aus Bordeaux, erinnert sie sich gerne. "Salve, magne parens frugum virumque, Mosella!", hatte Ausonius sie gegrüßt, als gute Mosel und als Schoß des Lebens.

Die Mosel war seit jeher die Mutter und das Gewissen der Landschaft gewesen. Da hatte sie auch Bedenken, als am 27. Oktober 1956 in Luxemburg der französisch-deutsche Saarvertrag beschlossen wurde, der aus ihr eine bedeutende Wasser- und Handelsstraße machen sollte. Und auch die am 29. Januar 1957 in Trier gegründete Internationale Moselgesellschaft hatte ihr nicht gefallen. Als dann im Mai 1959 die Bagger kamen, und als am 26. Mai 1964 Großherzogin Charlotte sie zusammen mit Charles de Gaulle und Heinrich Lübke in einem feierlichen Staatsakt zum Moselkanal erhob, war sie sich endgültig der vielen Staustufen und ihrer politischen und wirtschaftlichen Vereinnahmung bewusst geworden. Wenn sie bisher auf den Landkarten nur als schwarzer Grenzstrich zwischen blauweißroten, rotweißblauen und schwarzrotgoldenen Fahnen geflossen war, floss sie nun unter einem Regenbogen, der in allen Saar-Lor-Lux-Farben schillerte.

"Voici que la confiance et l'amitié que se portent désormais les peuples de France, d'Allemagne et du Luxembourg effacent au bord de cette rivière tant et tant d'alarmes, de fureurs, de douleurs dont elle fut, au long des siècles, le vain objet et le triste témoin..." Oder: "Il n'y a qu'à contempler ce paysage si peu antithétique, qu'à se pénétrer de l'idée qu'il s'ouvre sur trois états différents, pour saisir concrètement l'idée de l'Europe intégrée. Celle-ci n'oublie pas ses origines nationales, mais ouvre les écluses de la solidarité européenne, jette les ponts de la fraternité dans la poursuite de causes communes, multiplie les échanges et les communications entre les peuples..."

So wurde es am 26. Mai 1964 gesagt.

Lex Jacoby

Die Mosel hatte geduldig zugehört und nur beim Wörtchen "écluses" war sie zusammen-gezuckt. Da aber das Zucken nur kleine Wellen warf, hatten die hohen Herrschaften sich nicht stören lassen und weiter von der Zukunft geschwärmt, "où la liberté et la solidarité règneront enfin sur la terre". Dann hatten sie auch den Moselwein, "qui réjouit le cœur des hommes", erwähnt und überhaupt den Tag im Mai 1964 einen "wichtigen Baustein zu einem geeinten Europa" genannt.

Und all dies, ohne ein einziges Mal die Sprache zu sprechen, die man am luxembur-gischen Ufer der Mosel spricht, "ouni ee Wuert Lëtzebuergesch".

Da hatte es auch so kalt und fremd geklungen, als es hieß: "Tu cesseras d'être un doux fleuve, inutile et romantique. Je te fais Canal. Tu porteras le charbon et l'acier de l'Europe à Six."

Das Schilfrohr an den Ufern der Mosel, das bis sechs und über sechs hinaus zählen konnte, hatte unwillig seine Samenkolben geschüttelt, und die Mosel, die seit jeher nur im Dienst der Landschaft fließen wollte und nicht im Dienst von Kohle, Stahl und Zinseszinsen, war vor den feierlichen Ansprachen geflüchtet, ins Land und in die Jahre hinein.

Sie mochte die Nationen und Gesellschaften nicht, die in ihr nur eine ertragreiche Wasserstraße sahen.

Als dann aber der Tag von Schengen kam, der Tag, an dem der Schlagbaum nicht mehr schlagen sollte und das Moseldörfchen zum Symbol für Freizügigkeit und Freiheit gekürt wurde, hatte sie aufgeatmet. Dann hatte sie jedoch schon nach wenigen Wochen gemerkt, dass sie allzu früh aufgeatmet hatte. Inzwischen waren nämlich die Hoffnungsträger und Hüter der Nation bemüht, den einen Schlagbaum durch einen Wald von Schlagbäumen zu ersetzen, durch Verordnungen, Verbote und Asylantenkäfige, die weitaus unnachgiebiger und verletzender waren als die Zollschranken von einst.

Die Mosel, die immer schon an den Worten und Werken der Menschen gezweifelt hatte, sah ihre Zweifel bestätigt.

Da maß sie auch den lodernden Aufrufen der Großregion und der europäischen Kulturhauptstadt 2007 nur wenig Bedeutung bei. Zwar kannte sie die kulturellen Übungen der Kulturhauptstadt nur aus den Klageliedern der Alzette, aber die Klagelieder waren so schwarz und hoffnungslos, dass die Mosel manchmal wie in Tränen floss. Sie nahm die Klagelieder der Alzette, die auf Umwegen, über die Sauer, zu ihr gekommen waren, ernst. Sie wusste, dass Flüsse nicht lügen.

Die Klagelieder machten ihr Tag und Nacht zu schaffen, und da sie schon an soviel echter Kultur vorbeigeflossen war, ärgerte sie sich: "Vor Jahren war die Kunst noch Kunst, da war die Musik noch Musik, und Klecksen war nur Klecksen und Klamauk nur Klamauk. Die Kultur hatte noch nicht den sündhaft körperteiligen Beigeschmack von 'cul-ture' und nicht das aufdringliche Aroma von 'Popo-Art' und nicht die Tonstärke von Kriegsgeschrei und Siegesgeheul. Damals hatte die Kultur noch Seele. Heute werden vielerorts die kulturellen 'Hoch-Zeiten' mit 'events' gefeiert, mit 'happenings' und 'after-pimps' und 'highlights', die die Durchschlagskraft von 'tombolas-surprise' und die Wirkung von grenzenlosem Unsinn haben."

Dabei ist man sich der losen Grenzen nicht einmal bewusst. Als im Januar des Kultur-jahres 2007 der EU-Kommissionspräsident das Mudam ("Musée d'art moderne") auf Kirch-berg besuchte, zeigte ein Pressefoto ihn, wie er vor vielen Flaschen stand.

du ass eppes mam Heng sengem Adrenalinspigel
geschitt, du huet dem Heng
d'Blutt an de Schleefe gehummert

Josy Braun
| Café "Retiro"

Den Heng geet säi Patt fir gewéinlech an de Café "beim Mulles" drénken. Un d'Fassad huet d'Brauerei e Schëld mat "Café Retiro" opgehaangen. 't hat keen s'ugestallt, mä geknoutert huet och keen. Nëmmescht am Duerf déit d'Wiertschaft anescht ass wéi nom Mulles benennen, deen de Wiert virzjoert un den Nol gehaangen huet a mat sengem Josette an de CIPA geplënnert ass.

Déi nei Wiertsfra ass keen Af. Se misst der eng 45 hunn an heescht mam Virnumm "Lourdes". De Familljennumm steet an enger vun de Fënsteren, mä den Heng fänkt guer net un, deen auswenneg ze léieren. "Lourdes" gëtt "Lurdsch" ausgeschwat an ass d'Ofkierzung vun "Maria de Lourdes". 't hat gebonnen, bis den Heng dat raushat. 't heescht, 't wier Wittfra, 't hätt och e Frënd, mä dee krut bis lo keen ze gesinn.

D'Lurdsch kann sech net bekloen, d'Wiertschaft leeft gutt. Eng Partie vun de portugiseschen a lëtzebuergesche Krunnemécken, eelerer a jonker, komme bei hatt spëtzen, mä d'Lurdsch weess, wien him eng Bees duerf ginn a wien eng op d'Poute kritt, wann en se net ka bei sech halen.

De Bistro géif vläicht nach besser lafen, mä 't leeft de ganzen Dag, an dat net ze lues, eng iwwerdimensional Televisioun. Kee Mënsch kuckt dee portugisesche Programm, och d'Lurdsch net, och seng Landsleit net, mä 't schéngt es, wéi wann déi Kuliss onbedéngt misst sinn. Oder ass et, fir d'Sprooch net ze verléieren? Knapps, se sinn zu hirer genuch, hei am Land an hei am Bistrot.

Vun de Krunnemécke sinn déi meescht versiess op d'Rubbelbilljeeën, vun deenen d'Lurdsch eng Onmass Zorten huet. Den Heng kuckt deene Rubbler vun sengem klenge ronnen Dësch aus no, wéi s'op hiren Hockeren hänken an am Akkord alt eng hallef Stonn laang rubbelen a reiwen, de Rubbelstëbs op de Buedem entsuergen an um Enn Zommen hänke loossen, déi de Verdéngscht vun engem hallwen Dag ausmaachen. D'Lurdsch soll och nach en "Subito" kréien.

Hatt ass eng gutt Kächen. Mëttes sinn ëm déi zwanzeg Plaze fir de "Menu du jour" reservéiert, an owes zervéiert hatt iwwert den Daum eng Dose Leit, meeschtens Lëtzebuerger, déi "à la carte" iessen an op seng "Caldeirada" an seng Knueweleksscampië schwieren. Wann hatt an der Kiche koschtert, steet d'Fatima hannert der Téik, zaapt d'Humpen a bréngt déi fäerdeg Telleren op den Dësch. Se soen, d'Fatima wier aus deemselwechten Nascht wéi d'Lurdsch. 't ass mat engem Belsch bestuet, dee beim Dupont schafft, a fir de Moment huet hatt eent am Schäffchen. 't géif vläicht e Chrëschtkëndchen, seet d'Fatima, fiert sech iwwert de ronne Bauch a laacht, datt een d'Televisioun fir e Moment vergësst.

"Lurdsch a Fatima", huet de fréiere Rollefax an Anarchist Heng mol geknoutert, kee Wonner, datt an deem verpaaftene Land d'Salazaren sech sou laang hale konnten. "Mä wann d'Lurdsch lo och nach e Subito kritt", denkt en, "da kommen ech net méi ran."

An engems weess en, datt en sech selwer belitt, well d'Lurdsch ass deen eenzege Bistro am Duerf, dee sonndes a wiertes op ass. Déi aner dräi hunn op engem Wochendag zou, een souguer sonndes, an se maachen zwee, dräi Mol am Joer Vakanz. "Geschlossen wegen Reichtum" knoutert den Heng dann a mierkt, wéi op deenen zouenen Deeg Leit am "Retiro" verkéieren, déi ee soss kees do gesäit. Just am August fiert d'Lurdsch fir 14 Deeg fort; wuer a mat wiem, weess keen, mä 't gëtt gesot, duerof a Portugal géif et scho laang net méi fléien.

't ass éischter seelen, datt ëmmesch sech mueres bei den Heng un dee klenge ronnen Dësch setzt. Géint e Véirel op eelef kënnt en op e Kaffi an e Gliesche wäisse Porto an déi Zeitunge liesen, déi en net doheem huet. Am spéiden Nomëtteg, sou géint fënnef Auer, ass seng Stammplaz meeschtens besat, dann hänkt hien nieft aneren un der Téik beim engem portugisesche roude Wäin. Béier kann dee fréiere Rollefax kee méi gesinn.

Josy Braun

D'Portugisen drénke bal all Béier, huet en sech am Ufank gewonnert. Wann se nach net sou bierele géifen, 't mengt een, se wieren all op enger Millen op d'Welt komm!

Dem Lurdsch seng Klientell wiesselt mat de Stonnen a mat de Wochendeeg. Portugise si bal zu all Stonn dobannen, och wiertes an der Schaffzäit, där déi d'Rent schonn hunn oder där déi krankfeieren. Dënschdes a freides mueres kommen e puer Lëtzebuerger op de Staminet; Pensionären aus dem Duerf, déi sech e feste Wochentour duerch d'Bistroen organiséiert hunn. Se sëtzen hannen am Eck um grousse ronnen Dësch, op deem nach en alen Äschebecher aus dem Mulles senger Zäit steet; "Stammtisch" steet mat eisene Buschtawen drop.

"Wéisou kommen déi heiran?", freet den Heng sech méi wéi eng Kéier, wann en hir Gespréicher um Béierdësch matkritt, wann et ëm déi grouss Politik geet, wann d'EU vill ze grouss gëtt, wann d'Asylanten aus den Ostlänner lauter Krimineller sinn, wann d'Iraner an d'Iraker all missten opgehaange ginn. "Rübe ab!", deen Ausdrock gehéiert

zu de Staminets-Stammvokable vum engem vun hinnen; vun engem aus der Nopesch-
gemeng, deen, déi eng mat "Här Senger", déi aner mat "Maurice" urieden. Sengen Aen
huet den Heng net getraut, wéi en deenen hire Gemengerotsbericht mol an der Zeitung
gelies huet, a liese konnt, datt dee Senger President vun der Auslännerkommissioun wier.

Am spéiden Nomëtteg héiert ee bal soss näisch wéi déi portugisesch Sprooch; bis déi
éisch Lëtzebuerger iesse kommen, och vun den Nopeschdierfer. Heinsdo veriren sech
Chaufferen an de "Retiro", deenen hir Camionen honnert Meter méi wäit op där grousser
Parkplaz stinn: Belsch, Hollänner, Preisen, Allméiglecher. 't koum alt mol e Russ ran,
deen nom Wee fir op Miersch gesicht huet, deen nieft sengem Russesch kee Wuert raus-
krut, mol keen däitscht. Den Heng goung mat him virun d'Dier an huet em d'Direktioun
gewisen, méi konnt en och net maachen.

De Sonndeg ass speziell. Dann huet d'Lurdsch meeschtens zwou bis dräi portugisesch
Familljen, déi mat Kand a Bom kommen an da stonnelaang iessen, drénken a schnëssen
an ëmmer méi haart ginn, net nëmmen d'Kanner. Oder se leeschten sech um Sonndegnomëtteg e Kaffisdësch, bei deem awer de Béier, de Wäin oder d'Bolos de bacalhau méi
wichteg si wéi de Kaffi an hir Kaffiskichelcher.

Op sou engem Sonndegnomëtteg war dem Heng am Summer de Kolli geplatzt. Net wéinst
där capverdianescher Famill, déi zu hirer sechs do ze feiere souz, mä wéinst zwéin Däitscher
ëm déi véierzeg, déi hire BMW dobausse geparkt haten an déi sech, aus der Däiwel weess wat
fir enger Ursaach, um Lurdsch seng Téik veriert haten.

Datt déi zwéin no däitschem Béier gefrot hunn, hat den Heng héieren. Datt se déi ganzen
Zäit op d'Capverdianer riwwer gekuckt hunn, ass dem Heng och opgefall. Mä wéi deen
een zu deem anere sot, "sowas müsste man von den Bäumen holen können, Feinkaliber,
einfach so, peng!", du ass eppes mam Heng sengem Adrenalinspigel geschitt, du huet dem
Heng d'Blutt an de Schleefe gehummert, du ass deen ale Rollefax onheemlech séier opge-

sprongen, huet d'Bistrosdier bal aus den Aangle gerappt an déi béid gläichzäiteg mam Kolli a vun den Hockere geholl. "Raus hei!", huet e mat sengem schwaarze Bass gebierelt an se duerch d'affen Dier op d'Strooss gestouss, méi séier, wéi déi kapéiere konnten, wat hinne geschéich. D'Capverdianer hunn och net verstane, wat geschitt war, d'Lurdsch ass deene mam "Feinkaliber" nogelaf an "ils n'ont pas encore payé!" Kreesch gedoen, mä dat war dem Heng egal; och ob d'Lurdsch seng Sue krut oder net.

Den Tëschefall hat sech an den Deeg duerno am Duerf erëmgeschwat, an 't ass dem Heng, wéi wann déi vum Mueresstaminet zënterhier eng Grëtz méi lues géife politiken, wann hien opkräizt.

Die Drei stören nicht, bringen kaum Gewicht auf die Waage, sind klein wie Tauben, genauso geschwätzig, genauso flatterhaft, im Grunde unsichtbar. Sie sind alt und jung zugleich, sehen mit frischen Augen umher, wie auf Besuch.

GIB LEB HABUNGEN LUXEMBURG!

Christa Estenfeld
| Synchronisierte Hexen

Gibt es Hexen in Luxemburg? Ich denke, wie überall.

Schon am Morgen, wenn ihr elektrisches Haar sich nicht legt, sich sträubt gegen das Tägliche, das banal Traurige, das gar nicht wunderbar Absurde, spüren sie, dass sie etwas unternehmen müssen. Der Frühling knistert in ihren Knochen, die Zeit der langen Nächte ist dahin.

Sie sind nicht unbedingt in Burgverliesen geboren worden, sondern in den Krankenhäusern Europas, wo es ungeordnet und blutig zuging, so lange ist das noch gar nicht her. Heute wird überall eifrig gekehrt, dass es hübsch sauber aussieht. Die Hexen machen sich nichts aus sauberen Oberflächen, sie nehmen sie in Kauf. Es treibt sie zusammen unter dem Bockfelsen, unter der Stadt, die ganze Gegend ist ausgehöhlt wie ein Schweizer Käse. Die Gänge sind gut ausgeleuchtet, sich hier zu verstecken oder die Flucht zu ergreifen, wird einem schwer gemacht.

Drei Hexen behaupten ihren Lieblingsplatz auf den Schultern und dem Scheitel der "Gëlle Fra". Ihr Geschmack ähnelt dem der Engel, die, wie man weiß, manchmal auf der Berliner "Goldelse" Station machen. Wollen sie sich unterhalten, hocken sich unsere Drei eng zusammen auf den Siegeskranz, den die "Gëlle Fra" mit beiden Händen hochhält. Sie hält ihn ganz still, auch wenn der Wind ihr das antikische Kleid in symmetrischen Fältchen, im Wetlook an den Körper klebt. Sie weiß nicht, wem sie den Kranz aufsetzen soll, ihr Blick geht konzentriert nach unten. Sie überlegt, wer will heute noch für die Freiheit kämpfen? Die Nazis haben diesen eindringlichen Blick gefürchtet und die Goldene vom Sockel geholt. Heute glänzt sie prächtig restauriert, ist wieder sehr hoch gehievt. Da oben in der dünnen Luft könnte sie sich einsam fühlen, wenn nicht die Hexen wären.

Die Drei stören nicht, bringen kaum Gewicht auf die Waage, sind klein wie Tauben, genauso geschwätzig, genauso flatterhaft, im Grunde unsichtbar. Sie sind alt und jung zugleich, sehen mit frischen Augen umher, wie auf Besuch. Was ein friedliches Plätzchen, seufzt die Erste, wie fröhlich man zu Pfingsten springt, ruft die Zweite, wie gut situiert, grinst die Dritte. Die Erste ist ein Wildfang, die Zweite will alle zum Lachen bringen und die Dritte will einfach dazugehören.

Überall im Wind flattern Feierfahnen mit den magischen Buchstaben, die einen Umlaut bilden, EU. Die Hexen machen sich ihren Reim darauf und spinnen das EU weiter zu EUter, da lecken sie sich die Lippen, zu EUsebio, da lächelt eine, zu EUrydike, da schließen sie die Augen. Die Erste flüstert: Wo sitzt das Herz in diesem Gespinst? Schlägt es denn auch tüchtig, der Körper wächst so schnell?, sorgt sich die Zweite. Ist nicht hier das Herz?, fragt die Dritte. Nein, sagt die Erste. Ich vermute es *out of area*, in Sicherheit. "Neutralität bei Kampfeinsätzen", das ist das Schlagwort.

Neulich, ruft die Zweite, habe ich einen Umschlag mit Geld gefunden. Eines der unauffällig gekleideten Paare muss ihn verloren haben, *Jardin des Papillons*, bei den gerade geschlüpften Schmetterlingen. Das Paar muss wohl nach Erhalt noch einen Ausflug gemacht haben. Ich traf sie zuvor beim Gerichtshof. Sie lehnten sich aus ihrem respektablen Wagen und fragten nach dem Weg zur Deutschen Bank.

Wo sind die Moneten jetzt, kann man nicht ein gutes Werk tun?, fragt die Erste.

Ein gutes Werk? Es waren viele, viele Scheine in dem Kuvert. Die beiden sind nach dem Verlust vielleicht schnurstracks in die Mosel gegangen. Man weiß nie, meint die Zweite.

Der Frühling brummt mit dicken Hummeln. Unten pfeifen die Straßenkehrer. Eine Frau fragt, ob sie mitkehren darf. Sie sucht Arbeit, in ihrem Heimatland hat sie eine Ausbildung als Lehrerin abgeschlossen. Die Männer hören zu pfeifen auf, keiner gibt ihr den Besen. Es ist warm auf der "Gëlle Fra".

In der Kasematte unter dem *Centre Européen* ist es angenehm kühl. Der Dolmetscher hat den ganzen Vormittag geredet, nun genießt er sein Schweigen. Das Säuseln und

Christa Estenfeld

Klingen in seinem Ohr muss ihn nicht verführen, dass er sich ein bisschen verirrt beim Durchstreifen der Gänge und die Zeit vergisst. Sein Job ermüdet den Übersetzer in letzter Zeit. Er und seine Kollegen, jeder ist für eine andere Sprache gut, sprechen zeitgleich mit dem Redner am Pult. Überall im Saal sind Kopfhörer verteilt. Der Dolmetscher weiß, dass die zuhörenden Minister auf ihn und seinesgleichen angewiesen sind. Nie nimmt er Zuflucht zu verzögernden Lauten, nie gerät er ins Stottern. Heute saß er nicht in der Kabine, sondern stand hinter dem Vortragenden, er hätte sein Bodyguard sein können. Wie angenehm ist es in der Kasematte, ein Nickerchen wäre nicht schlecht. Das Licht fällt aus.

Die frühere Lehrerin aber wird richtig wach, eine Stimme flüstert ihr ins Ohr, du musst etwas unternehmen.

Die Minister sind vom Mittagessen zurück und setzen wieder die Kopfhörer auf. Hinter dem nächsten Referenten steht eine neue Dolmetscherin, keiner kennt sie. Sie scheint ein wenig ungeübt oder gehemmt. Als der Redner beginnt, schweigt sie einen Augenblick. Dann aber legt sie los. Die Frau übersetzt nicht simultan. Was sie sagt, steht nicht im Manuskript, es ist auch kein neuer Tagesordnungspunkt. Ist es eine Schauspielerin, die den Mann am Pult synchronisiert? Was ist das für eine Sprache, die sie spricht, Kroatisch, Slowenisch? Alle im Saal verstehen sie. War man am Vormittag recht teilnahmslos eigenen Träumen nachgegangen, ist man nun seltsam berührt. Einige wollen anscheinend eine Bestätigung des Gehörten, denn sie neigen sich zum Nachbarn, obwohl dieser nach der Sitzordnung anderssprachig ist. Plötzlich sieht es im Saal nach Verschwörung aus, doch nichts dergleichen bahnt sich an. Man will nur die überraschend vorgebrachte Information diskutieren. Was genau will diese Lehrerin aus Bosnien? Sie will hier arbeiten, zuhause sind die Verhältnisse nicht so. In der großen EU, sagt sie, müssten die Leute doch frei reisen und ihre Fähigkeiten einsetzen dürfen. Warum könne man die Tatsache der fluktuierenden Menschen nicht nach einem Rotationsprinzip regeln?

Man staunt nicht schlecht, was die Frau von sich gibt. Und doch, und doch! Europa sei vielleicht nicht groß genug für diesen Freiheitsdrang, gibt man zu bedenken.

Die Hexen nehmen sich die Freiheit, sie sausen über Land, spitzen die Ohren überm Dorfgasthof, wo zwei "Harmonien" zusammengefunden haben und mit blitzenden Instrumenten zur "Oktave" aufbrechen. An diesem strahlenden Frühlingstag pilgert man durch Wiesen zur Muttergottes der Betrübten. Der trockene Feldweg zeigt schon sommerliche Risse, Grenzlinien zwischen Erdschollen. Die Prozession gelangt auf die tiefer liegende Allee. Ihre Windungen muss vor langer Zeit ein starkes Wasser in den Boden eingeschnitten haben. Die Baumreihe rechts, angepflanzt, um den Grund festzuhalten, scheint mit den Pilgern mitzulaufen. Am späten Nachmittag aber werfen die Bäume lang gewordene Schatten über die Straße und auf die Böschung gegenüber, graue, grazil geknickte Gestalten. Sie erinnern an Silhouetten altmodischer Liegestühle. Früher verkroch man sich in solche Stühle, rollte sich auf dem durchhängenden Segeltuch zusammen. Manchen verbog die Konstruktion den Hals und sie kamen kaum wieder hoch, wenn sie darin eingeschlafen waren. Auf dem Flecken in der Mitte sammelte sich die Sonne wie unter einem Brennglas.

Am Abend sitzen die Hexen wieder auf der "Gëlle Fra".

Ich habe die Bosnierin gewarnt, meint die Erste. Du willst doch nicht etwa klagen?, hab ich sie gefragt. Das bringt nichts. Die obersten Richter sind überfordert, glaub mir. Man träumt hier schon genug, eine Invasion von Worten: Flexibilität, Gerechtigkeit, sittenwidrige Löhne.

Die Zweite sagt, irgendwo muss es aber die übergeordnete Instanz geben, an die man sich wenden kann. Ich denk dran, dem Gericht demnächst den Fall meiner verbrannten Großmutter vorzutragen. Mein Heimatland hat sich als nicht zuständig erklärt. Aus den vielen Heimchen hat man nicht grundlos die Großregion gemacht. Ich werde vorbereitet sein auf das Verfahren, kenne die Clair-obscur-Technik, auch die fünfundachtzig Funktionen des Schweizer Taschenmessers.

Tatsächlich?, fragt die Dritte, kann sich kaum das Lachen verbeißen. Beherrschst du denn auch die Amtssprache? Verlass dich nur nicht drauf.

Die Frau aus Bosnien steht noch vor dem Gerichtshof, weiß nicht vor und zurück, denn zuhause ist alles genauso schlimm. Da spricht sie der Dolmetscher aus der Kasematte an. Er lebt im siebten Stock eines Hochhauses mit seiner vierjährigen Tochter. Er sagt, immer wenn ich abends nach Hause komme, muss ich sie suchen. Sie kennt die Wohnung besser als ich, hat schon alle Schränke durch. Am liebsten steht sie hinter den Vorhängen auf der Fensterbank. Öffnet sich ein Fensterflügel, fällt sie sieben Stockwerke tief. Sie sagt, nichts ist schöner, als vollkommen weg zu sein und dann wiedergefunden zu werden. Die Frau hört den Dolmetscher seufzen: Ich überlege, wie ich meiner Tochter in Zukunft solche Versteckspiele ersparen kann. Sie mit Ihrer Ausbildung, wollen Sie mir nicht helfen? Die Frau sagt, sie würde sich den Kindermädchen-Job überlegen.

Haben die Hexen ihr Tagwerk getan? Eilig läuft ein Mann über den Platz, Richtung Philharmonie, es ist der dänische Dirigent. Da will sich die Erste bei der Probe nicht verspäten und sucht nach ihrer Geige. Der Dirigent hebt den Taktstock. Er ruft einige Worte auf Portugiesisch und Englisch, hilft sich mit aufgeschnappten Brocken. Es kommt auch vor, dass er ältere Herrschaften mit einem lauten "Mamm" und "Papp" um ihre Aufmerksamkeit bittet. Das Orchester beginnt zu spielen.

Die Zweite, die alle zum Lachen bringen will, sitzt noch auf der Schulter der "Gëlle Fra" und beäugt den Mond. Sie singt: Der Mond ist rund, der Mond ist rund, er hat zwei Augen, Nas und Mund. So eine Mondmaske, denkt sie, tragen viele. Was ist der Witz dabei? Wie das Original leuchtet keiner. Sie holt den Umschlag mit dem Geld hervor und lässt die Scheine nach unten segeln.

Die Dritte sitzt irgendwo in den Ardennen. Sie betrachtet den Mond, hört das Orchester.

BAIGNADE INTERDITE
—
BADEN VERBOTEN

Georges Hausemer
| Das Bermuda-Trio

Der Mutigste von allen ist zweifellos der Luxemburger gewesen, Patrick Kinnen, genannt das Kinn, Beruf: Stuntman, in Wirklichkeit jedoch arbeitslos, ein Kerl wie zwei Säcke nasser Zement, angstfrei und vor keiner noch so bescheuerten Herausforderung kapitulierend. In Remich sprang das Kinn einmal von der Moselbrücke, "Bungee für Fortgeschrittene", grölte er, in Badehose, weißen Socken und Tennisschuhen auf der Brüstung stehend und mit einem Nylonseil um den Bauch, das er und seine Freunde im Geräteschuppen der Freiwilligen Feuerwehr in Tawern geklaut hatten und das kurz vor dem Aufprall von Kinns Körper auf dem Wasser entzweiriss. Folglich klatschte das Kinn völlig haltlos, mit weit aufgerissenen Augen und mit der Fresse voran voll in die Fluten, Resultat: Unterkiefer- und Jochbeinbruch, drei verlorene Zähne, eine unappetitlich anzuschauende Stirnhöhlenquetschung. Zudem flog sein halbes linkes Ohr weg, dessen oberer Teil mitsamt Knorpel, Haaren und Blutäderchen, seitdem hängt an dieser Seite von Kinns Kopf nur noch ein schäbiges Läppchen, das aussieht wie ein angeknabbertes Ferkelschwänzchen, das man nicht anfassen und schon gar nicht in den Mund nehmen will. Aber das Schlimmste war, für das Kinn jedenfalls: Oben am Brückengeländer standen an jenem empfindlich kühlen Herbstabend seine Freunde, die Hosenscheißer, die sich nicht trauten, aber sich in die Hose machten vor Lachen, als der Blödmann kopfüber und mit nacktem Oberkörper in die Mosel zu tauchen versuchte, das Wasser hart wie Beton, aber keinerlei Spuren irgendwelcher Beschädigung aufweisend, im Fall polizeilicher Ermittlungen, wie Karim Zerka aus Villerupt zu bedenken gab, Künstlername: Circa natürlich, circa eins achtzig groß und circa 115 Kilo schwer, maghrebinischer Motorradfreak, sofern er nicht heimlich mit seinem Eselskarren die Gegend unsicher machte, wie seine Freunde ihm unterstellten. Volltrunken und mit circa 95 km/h war Circa im Frühjahr von einer schmierigen Landstraße abgekommen, über einen elektrisch geladenen Zaun gesegelt und am Ende seiner unfreiwilligen Flugeinlage mit einer friedlich grasenden Kuh kollidiert, die seither nie wieder auf die Weide musste, Circa dafür sechs Monate auf die Intensivstation, tiefes Koma und die Angst vor bleibenden Schäden, die sich im Nachhinein als nicht ganz unbegründet erwies. Fehlt nur noch der Dritte aus dem Bermuda-Trio: Jochen Löwenkrantz, Geburtsort: Nittel, dünn wie Spargel im Schnee, angeblich Student in Saarbrücken, aber fleißig und ausdauernd nur hinter den Weibern her, Spitzname: Jockel, meistens aber Juckel, obwohl niemand mit Sicherheit sagen kann, ob Juckel jemals und tatsächlich schon einmal gejuckelt hat und ... Im Keller seines Elternhauses, wo er noch wohnt, hat das Kinn sich eine Folterkammer eingerichtet, zum Trainieren, wie er behauptet, alle Geräte selbst zusammengebaut, aus den Motoren aufgegebener Landwirtschaftsmaschinen, aus angerosteten Teilen kaputter Fahrräder, aus Schaukeln und Rutschen aufgegebener Kinderspielplätze, alles selbst gebastelt, voll funktionsfähig und die reinste Supermann-Fabrik, wie das Kinn behauptet, dabei kann man, wie Kinns Freunde finden, in jedem x-beliebigen Wald auf Bäume klettern und sich gleich wieder runterfallen lassen und auf jeder x-beliebigen Straße mit dem Kopf gegen eine Mauer rennen wie Circa damals gegen die arme Kuh. Juckel besuchte ihn fast täglich im Krankenhaus, obwohl der Patient gut zwanzig Wochen lang nie einen Ton von sich gab, doch es arbeitete dort eine ganz bestimmte Krankenschwester, Micheline. Micheline kam jeden Tag mit dem Grenzbus aus St. Vith angedüst, nur um auf Kirchberg in ihren weißen Kittel zu schlüpfen und gelegentlich zu vergessen, den obersten Knopf ihrer Arbeitskleidung zu schließen, und sie sprach so ein komisches Deutsch, so wie ein Bitburger Französisch spricht, der lange genug in Schrassig im Knast gesessen und sich von Häftlingen aus Hettange-Grande und Crusnes lange genug in die Kunst des Überlebens hat einweisen lassen. Das machte die Micheline nur für mich, für mich ganz allein, behauptet Juckel, das mit den Knöpfen, und obendrein sei er es dem verdammten Dattelfresser doch schuldig gewesen, sich regelmäßig um ihn zu kümmern, auch wenn Circa in seinem Bettchen fortwährend schwieg

Georges Hausemer

und in all der Zeit von seinen hundertfünfzehntausend Gramm kein einziges verlor, aber somit wenigstens nicht ununterbrochen Blech redete, wie sonst immer, nicht ständig Dummheiten machte, so wie das Kinn mit seinen idiotischen Mutproben, Schlittenfahren im Weinberg zum Beispiel, Slalom zwischen den Rebstöcken, aber ohne Schlitten natürlich, nur mit einer Mülltüte unter dem Arsch, oder mit dem Skateboard auf der Autobahn Richtung Mittelmeer, mit Badekappe, Taucherbrille und Schnorchel, bis die Polizei kommt, *les flics*, kurz hinter der Grenze und noch weit, weit vor Thionville, wo Circas Schwester lebt, die dicke Leila, und zwar mit zwei Jugo-Brüdern, und sich weder für den einen noch für den andern entscheiden kann, selbst wenn regelmäßig ihr, Leilas und Karims, Vater kommt, von Villerupt nach Thionville, in Begleitung von zwei oder drei Arbeitskollegen, allesamt Möbelpacker mit schwerindustrieller Vergangenheit, und diese zu dritt oder viert die Jugos, die Stinker, im Hand- und Halsumdrehen …, genau: gehörig vermöbeln. Eines Tages aber begann Circa in seiner bequemen, üppig gepolsterten Spitalskiste überraschenderweise laut zu schnarchen, kurz darauf ging es mit dem Furzen los, sogar Micheline weigerte sich, weiterhin das Zimmer zu betreten, nur Juckel hielt durch, mit regelmäßigen Ausflügen ins Krankenschwesternrevier, wo er genauso regelmäßig vor die Tür gesetzt wurde, und kurz darauf machte Circa auch noch den Mund auf, bewegte stumm die Zunge, ließ seine völlig verkrusteten Lippen vibrieren und … rülpste. Vor lauter Begeisterung über Circas neu erwachte Lebensgeister sprang Juckel so abrupt von seinem Besucherstuhl auf, dass er mit dem Knie gegen das Metallgestänge des Krankenbettes krachte und einen komplizierten Meniskusschaden erlitt. Nur leider wurde er in ein anderes Spital verlegt, nach Trier, weil das näher bei Nittel liegt, aber vor allem nicht im teuren Ausland, weil seine Mutter das so wollte. Juckels Vater war es egal gewesen, der ist eh kaum zu Hause, fährt vom Saarland aus Saft und Bier durch die ganze Bundesrepublik, schläft unterwegs offiziell in preiswerten Hotels, in Wahrheit jedoch zwischen den Getränkekisten im Laderaum seines Lastwagens, weil das noch billiger ist und, ganz und gar inoffiziell, von der Direktion so gewünscht wird. Zum Glück hüpfte das Kinn erst im darauf folgenden Herbst in die Mosel, andernfalls hätte sich das Bermuda-Trio damals vollzählig und synchron von Kartoffelpüree, Erbschen und schuhsohlenähnlichen Kalbsbratenscheiben ernähren müssen, zum Glück lag auch Kinns gescheiterter Sprung aus dem Seitenfenster eines fahrenden Autos damals schon Jahre zurück, das war sein allererster Stunt gewesen, mit fünfzehn und obendrein im versammelten Familienkreis, weil anlässlich eines sonntäglichen Ausflugs mit den Eltern und Geschwistern zur Oma ins Ösling, die Kinns Wagemut nur um wenige Monate überlebte, wobei bis heute nicht geklärt ist, ob ihre Pilzvergiftung tatsächlich mit dem Autofenstersprung ihres Enkels zusammenhing. Ganz zu schweigen von Kinns Jugendversuch, einen Bleistift zum einen Ohr in den Kopf hineinzuschieben und ihn aus dem anderen Ohr wieder aus dem Kopf herauszuzaubern. Grenzen kennt das Bermuda-Trio definitiv keine, die Kerle wissen nicht einmal, was eine

Grenze ist, genauso wenig wie sie eine Ahnung davon haben, wo das Bermuda-Dreieck liegt, nach dem sie sich benannt haben, oder besser, nach dem sie benannt wurden, von der dicken Leila, die übrigens drei Kinder hat, von denen aber keines den Jugo-Brüdern ähnelt, weder dem einen noch dem andern, doch das hat nichts zu bedeuten. Hauptsache, sie sind gesund, die Leila-Kinder, Hauptsache, Juckels Vater entwickelt nicht irgendwann eine Apfel- oder Hopfenallergie und das Kinn im Alter nicht irgendwelche Komplexe wegen des fehlenden halben Ohrs und Circa kann auch in Zukunft noch mit Genuss ein kalorienreiches Glas Frischmilch trinken. Und Micheline ..., ach Micheline, und alle Winzer und alle Knastbrüder diesseits und jenseits von Mosel, Saar, Rhein und Maas, und dass die Oma des Kinns bequem liegt, dort wo sie liegt, und niemals, niemals mehr zurückkommen muss. Hauptsache: Amen!

Anders: "Die Grenze". Die eine einzige Grenze, beinharte Sinnverengung, konkret wie nichts.
Das Wort meiner Kindheit als Teil des Alltags, der mit dem Briefträger begann:
Post "von drüben"!

AUF DER ANDEREN SEITE

Margret Steckel
| Rucksackzeiten

Grenze – ich horche dem Wort nach, verlege es in die Vergangenheit, bis in die Kindheit zurück, um seinen Klang aufzuspüren. Man sagt, Buchstaben könnten dem inneren Auge in Farben erscheinen. Ich versuche es mit dem E, dem langen und dem kurzen E, aber es will keine Tönung annehmen, so sehr ich mich bemühe, die Farben zerrinnen zu einem Grauton, einem strengen Grau, metallgrau, drahtgrau. Liegt es am Begriff selbst und seinem unwirklich fernen Gehalt, der das Wort Grenze aschgrau aus bunten Erinnerungsbildern herauswirft? Und es ist nicht nur das E in diesem Wort, auch dem Z haftet etwas Scharfes an, das sich mit den spitzen Reißzacken von Stacheldraht verbindet. Grenze – ich halte das Wort von mir ab, drehe und wende es, als wäre es ein durchsichtiger Stein, der Facetten wirft. Landesgrenze, Feldgrenze, abstrakte Grenzen, hundert Grenzen, sie kommen nicht näher, haben nichts mit mir zu tun.

Anders: "Die Grenze". Die eine einzige Grenze, beinharte Sinnverengung, konkret wie nichts. Das Wort meiner Kindheit als Teil des Alltags, der mit dem Briefträger begann: Post "von drüben"! Und vor Weihnachten die heißersehnten, netzartig verschnürten Pakete, spezielle Aufgabe für die kleine West-Kusine. Dem Bandwerk war es anzusehen, mit wieviel Schadenfreude es verknotet wurde, um den Kontrolleuren die Lust am Öffnen zu versalzen; auch deren Weihnachtstisch war leer. Doch der zeitgenössische Respekt vor Packmaterial reichte wohl bis in die Fingerspitzen der Paketkontrolle, solide Verpackung zu zerreißen, Schnüre zu zerschneiden, in jenen Tagen eine Hürde, die nur besonders eherne Politgenossen nahmen. Westen, Reizwort für die einen, Abrakadabra für die andern: mit der ersten Schokolade unterm Tannenbaum, den man heimlich aus dem Grenzwald holte. Die Grenze nur wenige Kilometer entfernt, der Westen am anderen Ende der Welt. Städte, die abtrieben wie Strandgut im Fluß. Und mit ihnen die Angehörigen "auf der anderen Seite", so nah und so unerreichbar. Man harrte und hoffte und sehnte sich, harrte und hoffte auf ein Wiedersehen, auf Ausnahmetage, an denen sich Schlagbäume heben würden, vorübergehend, ein Regierungsgeschenk an die Bürger für irgendeinen Festtag. Gerüchte gab es. Gerüchte eben. Sonntagsspaziergänger pilgerten zur Anhöhe am Stadtrand, unter der sich die Elbewiesen streckten, noch ohne Wachtürme, Stacheldraht, Minen und Selbstschußanlage. Die Grenzmarkierung ungenau, markiert nur durch das Wissen um diffuse Gefahr. Der glitzernde Strom, eine sonnengetränkte Landschaft, und im Buschwerk kartoffelbraune Uniformen auf der Lauer. Libellen täuschten Idylle vor. Vielleicht schwiegen die Geschütze noch nicht lange genug, vielleicht war "Gefahr" oder "Lebensgefahr" noch abgegriffenes Zubehör des Alltags, der eine kannte diesen "sicheren" Weg, der andere jenen, nur die Elbewiesen blieben berüchtigt. So oder so, hier oder dort, sie machten sich alle auf, Freunde, denen nichts widerfuhr, die nicht "geschnappt" wurden, sie ermutigten andere, auch Mutter packte die Rucksäcke. Der Grenzwald, Moos und Tannen im Abendlicht, Romantik, über die man beinahe sein Vorhaben vergaß, bis es dunkel wurde und von der sandigen Schneise her dumpfes Trampeln nahte: der Führer mit seiner Gruppe von Grenzgängern. "Führer" geläufiger noch als "Schleuser". Einmal, so tuschelte man, hatten sie ihn geschnappt und fast zu Tode geprügelt. Wir schlossen uns an. Unter einem sternenübersäten Himmel durch holpriges Gelände. Binsenbüschel, über die man stolperte, der alberne kleine Bruder, Kicherkumpan, Klaps in den Nacken, das scharfe Ruhe-Gezisch lauter als der gurgelnd unterdrückte Lachkoller des Spannungsventils. Lauter als das Planschen der Rucksäcke auf Beinen, die ins Wasser fielen. Kein Steg über dem Flüßchen, das zur Elbe drängte und den Weg versperrte, kein Steg, nur ein hinübergeworfener Balken, für Kinder ein Spiel, die Rucksäcke verloren das Gleichgewicht. Leises Jammern: unser Brot. Unheimlicher noch als das dunkle Wasser war die zerschossene Eisenbahnbrücke, so recht dazu angetan, um in Alpträumen wiederzukehren. Durchsichtiges Eisengerippe über der Tiefe. Rucksäcke ab!, befahl der geübte junge Mann, der sich die Lasten auflud, ein paarmal hinüber- und

Margret Steckel

zurücklief, sein aufrechter Gang ermutigte. Trotzdem hieß es für das abenteuernde Gefolge: auf allen Vieren über die Bohlen. Wer nicht wollte, blieb zurück, ging mit dem Führer wieder heim. Mutter kroch und die Brut hinterdrein. Für die Beherzten gab es jene unvergessenen Worte: Ihr seid in der Freiheit. Eine Hand, die Geldscheine kassierte und ungestüm gedrückt wurde. Dankbar war man wohl auch sich selbst für den Mut und seine Belohnung. Und in diesem Augenblick des Hochgefühls wird keiner an den Heimweg gedacht haben. Oder wußte Mutter, was sie tun würde? Ein schlafendes Dorf, ein Gehöft ohne Hund, man schlich auf den Hof, schlief im Stehen, knickte in den Knien weg, saß auf dem Rand der Tränke in der frischen Nachtluft und wartete auf das Ende der Polizeistunde.

Grenze – das waren dann doch die Elbewiesen für den Rückweg. Brütende Hitze, müde Beine und Durst – und auf der Böschung zum schützenden Wald, an der man sich ausruhte, zwei Posten, das Gewehr geschultert; sie tauchten ins Unterholz! Man dachte an Sonnenstich, an Sinnestäuschung – zogen sie sich zurück, um die Grenzgänger, vielleicht der müden Kinderbeine wegen, ziehen zu lassen?

Die Grenze und Vaters Abenteuer, seine Berichte spannender als Kino. Vater und sein selbstgebrannter Bestechungsschnaps, dem kein russischer Grenzposten widerstand. Du Schnaps? Gib und geh. Doch die Orientierungslichter der kleinen jenseitigen Stadt gingen aus, und der Grenzfluß war nur ein Torfloch, in das Vater fiel, sich an der steilen Kante mit Fahrrad und Rucksack hinaufhievte, aufgab, sich im Regen niederlegte und sich aus der Heimwegflasche für den Russen selbst bediente. Wie es weiterging? Nun, er saß wohlbehalten am Küchentisch und erzählte.

Grenze, das war auch der weinende Russe, der das Kind an sich nahm, dessen flüchtende Mutter er erschossen hatte. Das war die Familie im Elbesand, bäuchlings und mit ausgestreckten Armen: Vater, Mutter und zwei Kinder. Es war die Frau, die im diesseitigen Grenzort auf die Tochter aus dem Westen wartete. Silvesternacht, und die Tochter an der dunklen Elbe unterwegs. Das ließ eine Mutter nicht schlafen, da stand sie in der Küche und rührte bang und freudig ihren kläglichen Kuchen, als sie plötzlich das Rufen hörte, sie hörte die Tochter rufen, lief auf die Straße, doch keine Tochter tauchte aus der Dunkelheit. In einer anderen Religion hätte die Frau sich bekreuzigt, so aber flehte sie ihre Angstgebete in den Himmel, der sie nicht hörte und ihr die Tochter nicht schickte. Stunde um Stunde, Minuten vom tropfenden Wasserhahn, der Kuchen erkaltet, das Herdfeuer in Glut, in Asche gesunken. Erste hallende Schritte zur Frühschicht der Werft. Stunden und Tage, die das Warten leerte, bevor es in die heimlich überbrachte Nachricht abstürzte.

Grenze – das war im eisigen Winter die gefrorene Elbe. Das Eis am Morgen dick und verläßlich, Strömung und Strudel erstarrt. Am Abend aber ... die Anwohner warnten, sprachen von Sprengungen, als es in der Dämmerung aus einem tiefen Himmel auf dünn Überfrorenes herabschneite. Die Heimkehrer hatten sich zur Kette gefaßt.

Gute und böse Geschichten, zu Erinnerungen verblichen, zu Geschichte geronnen. Wie die Grenze selbst, die man die "grüne" nannte, als man sie "schwarz" überquerte, bevor sie verdrahtet und vermint wurde, mit Wachtürmen markiert, mit Scheinwerfern und Selbstschußanlagen bewehrt.

Gute und böse Zeiten, sie kommen und gehen, lassen sich nieder wie Raubvögel zum Fraß, und das Gepäck aus Todesangst, Hoffnung und Überlebenswillen wird weitergeschleppt. Frisches Leben nährt Historie.

Les Marlboro, ça ne chante pas sur la banquette arrière et il n'y a pas besoin
de leur ligoter les mains pour éviter qu'elles ne téléphonent à longueur de trajet.
On fait vraiment un métier formidable. Et ça ne date pas d'hier.

RIEN NE SERAIT ORGANISÉ

Nicolas Ancion
| Le supermarché commun

La chanteuse ne tenait plus en place. Depuis Bilbao, où je l'avais embarquée à l'arrière de ma camionnette, elle geignait et gigotait dans tous les sens. Pas même encore vingt ans et déjà hystérique. J'avais fini par lui filer quelques beignes pour qu'elle se calme, mais en retenant mes coups pour ne pas lui amocher le visage et gâcher les photos du mariage. Quand elle s'est mise à réclamer des arrêts pipi toutes les vingt bornes, je lui ai fourré un mouchoir de chloroforme sous le nez, pour avoir la paix jusqu'à la frontière allemande. C'est là que j'avais rendez-vous avec Markus pour la livraison du tennisman danois. Si celui-là était aussi excité que celle-ci, ça allait donner des noces de fou furieux.

Enfin, pour ce que je pense du mariage, de toute façon...

Ce que j'en dis, moi, c'est qu'il était bon le temps où l'on se contentait de trafiquer les cartouches de cigarettes entre Andorre et le Royaume-Uni. Les Marlboro, ça ne chante pas sur la banquette arrière et il n'y a pas besoin de leur ligoter les mains pour éviter qu'elles ne téléphonent à longueur de trajet.

On fait vraiment un métier formidable.

Et ça ne date pas d'hier.

―――――――

Quand ils ont décidé de supprimer les frontières, j'ai vu mon père blêmir pour la première fois. Un marché unique pour les biens et les personnes, à ses yeux, cela signifiait tout simplement la fin de l'entreprise familiale et la mise au chômage de tous ses collaborateurs. Il avait compris que l'Europe mettrait bien vite en place des stratégies pour recaser les agents de douane des différents états mais que pour les gens comme nous, rien ne serait organisé.

Faut dire qu'on était contrebandiers dans la famille, depuis cinq générations. On avait fait dans l'alcool, le tabac, les bons de caisse, les prisonniers politiques, les demandeurs d'asile, les hosties consacrées, même les amphétamines, les dopants pour bovins et sportifs, voire les surplus militaires nucléaires. On avait travaillé en temps de guerre, en temps de paix, graissé des pattes de politiciens et de fonctionnaires, traversé des forêts dans la nuit, des rivières à la nage et poussé des ânes sur des sentiers boueux. Mon père avait collaboré à la fuite de plusieurs prisonniers en cavale puis au retour d'un descendant de Louis XVI sur le territoire de la France. Il en avait gardé une photo souvenir où on le voyait poser, sous un vague rayon de lune, en compagnie d'une grand type dont on ne distinguait que la silhouette, sorte de Yéti en bottes de pêcheur ou de Don Quichotte en loden vert.

Dès qu'il a appris qu'on allait liquider les frontières, mon père a réuni le conseil des sages. Tous les camarades du réseau étaient là: il y avait des Ardennais au front buté, deux Basques qui avaient traversé tout l'Hexagone, trois Hollandais débarqués en vélo et quatre voisins des bords du Rhin qui s'étaient présentés à nous avec des valises emplies de saucissons et de boudins aux noms imprononçables. La réunion se tenait sur notre territoire, au pied du viaduc de Vianden. J'étais la seule fille parmi tous les participants et c'est moi qui devais établir le procès-verbal de la réunion. J'ai toujours aimé écrire. Si j'avais pu choisir, je me serais spécialisée dans le trafic de stylo Mont-Blanc et de vieilles Remington de collection. Je suis persuadée qu'il y aurait du business à faire, d'ailleurs. J'ai déjà comparé les prix entre les boutiques de l'aéroport de Bucarest et celles de Genève, il y a de fameuses différences.

Sur les constats, nous étions bien d'accord: les douaniers mettraient des années à s'adapter à la nouvelle situation, nous avions une longueur d'avance, nous n'avions pas besoin que les textes de lois soient votés et les décrets publiés pour repenser notre métier, nous pouvions réagir directement. Nous avons débattu pendant un long moment. Les idées les plus saugrenues ont été énoncées. On a suggéré de recentrer nos transports sur les

Nicolas Ancion

espèces protégées, les animaux ou les fruits et légumes exotiques, de creuser la piste des déchets nucléaires, de faire disparaître les criminels coupables de crimes contre l'humanité convoqués à La Haye, de ne plus travailler que pour les financements occultes de partis politiques et les guérillas révolutionnaires. Mais la séance a vite tourné court.

Tout cela, nous le faisions déjà depuis longtemps, en tout ou en partie: cela disparaîtrait avec l'effacement des frontières, comme le reste.

Les frontières, pourtant, a dit un représentant du Liechtenstein, presque aussi vieux que les pierres du pont au-dessus de nous, c'est dans la tête que ça se passe. On ne les voit pas dans le paysage. Ce sont ces frontières-là, qu'on doit parvenir à déplacer.

Nous étions tous impressionnés. Le vieux avait parlé d'une voix rauque et tempétueuse, qui s'impose à tous avec la transparence de l'eau claire, la voix de la sagesse.

Les frontières, c'est dans les têtes qu'elles restent imprimées.

Nous étions soufflés.

Et nous n'avions pas la moindre idée de ce qu'on pouvait déduire de concret de cela. Le vieux de Vaduz était, comme tous les philosophes, juste bon à ébranler les certitudes. Pour ce qui était de proposer une alternative concrète, il allait falloir chercher ailleurs. Pour confirmer cette impression, le représentant du Liechtenstein s'était aussitôt endormi et ronflait à présent comme un bébé.

L'idée, c'est moi qui l'ai donnée, involontairement. J'avais demandé à Iñaki de me rapporter le magazine *Hola!* de la semaine et Markus m'avait apporté une pile d'hebdomadaires allemands. Les couvertures se côtoyaient et, pourtant, les titres étaient bien différents. D'un côté, les Espagnols suivaient avec ferveur le parcours de leurs footballeurs et toreros, tandis que les Allemands se passionnaient pour un vieux rocker, une actrice porno et la famille d'un mannequin, dont les parents, restés au pays, alimentaient régulièrement de scandales en tout genre la presse à sensation.

C'est mon père, qui, à court d'idée, s'est tourné vers moi.

- Viviane, franchement, tu n'as rien d'autre à faire que de feuilleter tes magazines? On ne les connaîtra même plus dans deux semaines, tes idoles!

C'est alors que l'euro est tombé. Mon père avait raison. On ne les connaîtrait bientôt plus, ces vedettes de magazines, on ne les connaissait même pas dans les pays voisins, aujourd'hui... Une vedette, voilà une marchandise dont le marché se limite à des frontières invisibles! On n'aime que les stars locales, celles qui ont réussi dans le monde entier et reversent sur nous un peu de leur gloire internationale.

On a discuté le sujet toute la nuit et je dois bien avouer que, pour une fois, le sujet me passionnait. Avec mes vingt-cinq ans, dont douze passés le nez plongé dans les magazines ou collé à l'écran de télé aux heures de grande audience, j'étais une véritable consultante en info trash, experte en matière de vedettariat.

Rapidement, notre idée a germé: nous allions faire de la contrebande de célébrités.

Avec notre réseau de collaborateurs placés dans toute l'Europe et même par-delà les limites du vieux continent, nous pouvions repérer les personnalités montantes, examiner avec leurs producteurs les marchés à percer et organiser les alliances et les transferts. La popularité est un capital de base: pour qui sait bien l'utiliser, elle permet de générer beaucoup d'argent. Une fois connu, il suffit de lancer sa marque de parfum, sa ligne de vêtements, son parti politique, sa chaîne de radio et de récolter les dividendes.

L'idée toute simple, c'est de comprendre que la célébrité, ça se partage: rien de tel qu'un mariage avec une star, ou même une simple liaison un peu tumultueuse et exposée, pour devenir célèbre soi-même. Nous avons rapidement monté une première opération, le mariage d'un footballeur flamand avec une actrice de série anglaise de second rang. Après deux mois, la série était diffusée en Hollande et le footballeur transféré à Arsenal. La mécanique était lancée et nous touchions 15% sur tous les contrats à venir. On a poursuivi avec une fausse liaison entre un acteur porno et une parlementaire autrichienne méconnue (réélue, du coup, l'année suivante, par un véritable plébiscite populaire), puis des coucheries entre deux rappeurs polonais et une future astronaute française. Nous engrangions les résultats à tous les coups.

————

Voilà comment je me suis retrouvée à convoyer des futures vedettes dans des voitures banalisées. Je traverse l'Europe de bord à bord, une trentaine de fois par an. Un soir je dors à même le sol de la camionnette avec un nouveau client, le lendemain je dors au Ritz avec un ancien passager qui a déjà touché son pactole.

Le business est en plein boum. On commence à négocier avec les autres continents. On vient de signer un deal entre une actrice vedette à Bollywood et un magicien maltais, qui voudrait percer sur le marché asiatique, juste après un accord entre un couple de patineurs suédois et le propriétaire du chien vedette d'une émission pour enfants en Italie.

Les affaires tournent bien. Plus l'Europe s'élargit et plus notre champ d'action s'étend. Ces temps-ci, on recrute des vedettes albanaises et bulgares pour une chaîne de fast-food américaine, qui voudrait les fiancer à l'héritier de la famille, dans le but d'éviter les frais d'une campagne de pub dans des pays trop peu structurés à son goût.

Demain soir, on a une nouvelle réunion à Vianden. A l'ordre du jour, un nouveau secteur très porteur: la contrebande de religions. Mon père rêve d'une liaison entre le gourou de la scientologie et une ministre chinoise. Vous imaginez le marché potentiel, qu'il répète à longueur de journée. Et pourquoi pas marier le pape à un ayatollah, tant qu'il y est.

Au supermarché commun, on peut vraiment tout acheter. Et tout vendre.

Rien n'arrête le progrès. Rien n'arrête le profit.

Pas même les frontières. Surtout pas les frontières, à vrai dire!

Et ça fait des millénaires que ça dure.

RETROGRADEZ
ZURÜCKSCHALTEN

Wou den Dammpass: do ass d Groussregioun, en Tiermche fir Däitschland, eppes makréien zue Tiermcher fir Lëtzebuerg, zue Tiermcher fir Frankräich selwer. Quelle modestie!

Deemno ka jiddereen eppes makréien zue Tiermcher fir Lëtzebuerg, en halwen Tiermche fir d'Belsch an en halwen Tiermche fir Frankräich selwer. Quelle modestie!

Roland Harsch

| Ein äußerst brillantes, blitzgescheites philosophisches
Werk verwandelt sich beim Passieren der Grenze
augenblicklich – rien qu'en passant la frontière, en
un torchon scabreux

Bevor wir mit der eigentlichen Geschichte ansetzen, hier noch einige Vorbemerkungen:
    Früher war alles anders, einiges vielleicht tatsächlich besser. Früher gab es noch
Schlagbäume an den Grenzübergängen, die konnten herabgelassen werden. Die Erzieher
konnten in ihrem oft grenzenlosen Zorn unbestraft mit Zollstöcken auf die Schüler ein-
schlagen. Dem Laxismus und der Permissivität sind heutzutage hier wie dort keine
Grenzen mehr gesetzt.

Sobald man übersetzt, von einem Ufer zum anderen, sprachlich, versteht sich, ist der
Zauber weg, der Reiz verschwunden, der Witz fort, das ganze Gebilde zerstört. Nehmen
Sie den köstlichen Dicks-Text "UEWEN AN ËNNEN", übertragen Sie ihn ins Deutsche
und Sie werden diese Aussage bestätigt finden:

E Witmann wunnt ënnen an handelt mat Uewen;
Eng Witfra wunnt uewen an handelt mat Ënnen.

Der Fra mat den Ënnen gouf d'Zäit laang do uewen;
Dem Mann mat den Uewen gouf d'Zäit laang do ënnen.
[...]

Ein Witwer wohnt unten und handelt mit Öfen;
'Ne Witwe wohnt oben und handelt mit Zwiebeln.

Der Frau mit den Zwiebeln ward die Zeit lang da oben;
Der Mann mit den Öfen langweilte sich unten.
[...]

Was soll das?, fragen Sie sich zu Recht. Das ganze Gedicht ist auf Deutsch witzlos geworden bis hin zur total massakrierten Pointe.

Umgekehrt: Selbst ein ordentlicher Wein, den man nun wahrhaftig nicht erst noch nach Luxemburg importieren muss, darf unter keinen Umständen "nach deutscher Art" geschüttelt werden, sonst ist er ein für allemal gründlich verdorben:

Es gibt im schönen Wellenstein
an manchen kühlen Stellen Wein.

Et gëtt am schéine Welleschten
op munche kille Plaze Wäin.

Noch einmal: Was soll das? Wellensteins Lager mögen viele gute Flaschen bergen; die dürfen nicht vor Gebrauch geschüttelt werden. Der Wortwitz ist futsch, der Weingeist ist weg.

———

Wa mir fréier an der gudder aler Zäit vun Diddenuewen erbäi op der gudder aler Route Nationale aus der Vakanz heemkoumen, da goufe mer zu Fréiseng vun engem, meeschtens zwee fréndleche Lëtzebuerger Douanieren ugehalen a begréisst. Si hunn eis déi klassesch Fro gestallt: "Hutt Dir näischt ze déclaréieren?" Dovu goufen et och alt emol verschidde Varianten wéi: "Hu mer näischt ze déclaréieren?" oder "Hu mer näischt dobäi?" Neen, ausser gudder Laun a knaschteger Wäsch hate mer näischt dobäi. Déi puer Murano-

Roland Harsch

Schosselen fir d'Bomi an de Bopi hu mer jo net bräichten ze déclaréieren. Nodeems si nach e gewëssenhaft-professionelle Bléck pro forma an de Fong vum Won geworf haten, hunn déi zwee äerdeg Grenzhidder d'Hand un de Kapestuerz geluegt a gesot: "'t ass gutt, Dir kënnt fueren!" Gläich hannendrun, zu Fréising, huet de Papp bei enger Telefonskabinn stallgehalen – deemools haten d'Leit nach keen Handy un de Käpp – fir der Bomi ze soen, si kéint d' Biffdecker elo an d'Pan leeën, déi gekrauselt Zalot dréien an d'Fritten zappen, mir hätte virun e puer Minutten zu Fréiseng d'Grenz passéiert.

Haut steet kaum nach e coolen Douanier zu Diddeleng op der Grenz. Gutt, datt et do déi véier Wiechter gëtt, déi véier Killtierm, déi engem weisen, an zwar mat Damp, datt een der Heemecht méi no kënnt. Do wou den Damp higeet, läit gemenkerhand d'Heemecht:

Quo vapor, ibi patria.

Ma do kéint ee sech emol schéi verrechnen. Dat stëmmt nëmme, wa Südwand ass, och nach liichte Südostwand, villäicht ganz liichte Südwestwand. Bei Südostwand kréien och déi Belsch nach eppes mat. Wann de Wand awer vu Weste bléist, geet den Damp an d'Saarland eriwwer; kënnt e vun Osten, vun Nordosten oder ass guer keen, da bleift den Damp am Loutréngeschen. Duerfir ass et méi korrekt a jiddferfall ëmmer richteg, wann ee seet:

Ubi vapor, ibi magna regio.

Wou den Damp ass, do ass d'Groussregioun. Deemno ka jiddereen eppes matkréien: zwee Tiermercher fir Lëtzebuerg, en Tiermche fir Däitschland, en halwen Tiermche fir d'Belsch an en halwen Tiermche fir Frankräich selwer. Quelle modestie!

———

Loosse mer dat Spillche matman an eis an déi Zäit zeréckversetzen, wou een nach zu Fréiseng iwwert d'Grenz huet misse fueren, wou et nach keng Killtierm, ma cool Douaniere gouf. Mir wëssen ower: Dat Spillchen ass net esou einfach. Wann ee sech vun der Géigewaart lassrappt fir an der Zäit zeréck ze goen, da bleiwen ëmmer nach e puer Fatzen vun der Géigewaart un engem pechen. Et ass bal wéi an engem bëllegen historesche Film: Wann een do gutt oppasst a genee kuckt, kann een ëmmer nach e puer schlecht oder guer net verstoppte Spueren aus der Géigewaart erkennen.

———

Komme mer ower elo endlech bei eis eigentlech Geschicht:

Zu Fréiseng op der Grenz hält e franséischen Douanier en Auto mat enger däitscher Plack un. Am Auto sëtzt als eenzegen e jonken däitsche Philosstudent, deen op der Uni Saarbrécken immatrikuléiert ass. Um Bäifuerersëtz läit just e Buch mat der Titelsäit no uewen. Soss ass näischt Opfälleges am Auto ze gesinn. Den Douanier freet d'Carte d'Identité vum Student a buschtawéiert:

- Pütt-lin-gén. Wach-ol-dér-stra-ße, vingt-sept. C'est bien ça?

- Jawohl. *Stur auf Deutsch. Nur ja nicht zeigen, dass du Französisch kannst. Dann muss der sich eben auch mal ein bisschen anstrengen, wenn er etwas von mir erfahren will.*

(Den Douanier streckt de Kapp zur Fënster eran a stierkt faszinéiert op den Titel vum Buch: PHILOSOPHIE DES SEINS.)

- Qu'est-ce que vous avez là? Ce bouquin? Faites-moi voir un peu.

- Dieses Buch hier? Ein philosophisches Werk. Bitte.

(Hie reecht dem Douanier d'Buch, deen dra bliedert, ëmmer rëm op den Titel kuckt, weider dra bliedert. E schéngt enttäuscht ze sinn.)

- Philosophique? Aha! *Quelle perfidie! Tout le texte en allemand. Ils n'ont tra-duit que le titre, pour me faire saliver, les salauds. Philosophique, vous dites? Ah les boches! Ils ont la fâcheuse tendance à théoriser, problématiser, systématiser quoi que ce soit. Tout, alors vraiment tout doit passer par un profond "Diskurs", tout doit entrer dans un "Gedankengebäude", un "Ideenkonstrukt" abstrait, insipide, incolore et inodore.* (E bliedert nach ëmmer.) *L'abstraction pure et simple. Même pas une illustration, quel-ques petits dessins, voire une seule petite photo.* (E kuckt op e neits op den Titel.) *PHILOSOPHIE DES SEINS – Mais c'est déconcertant, aberrant, absolument absurde. Je vais le faire attendre, le bougre.* (Den Douanier kuckt op de Studentchen, dann erëm op d'Buch.) *Les Allemands sont des monuments cyclopéens qui se déambulent: "Ich denk mal..." Les seins, d'accord, on peut en parler, en discuter, entre hommes, ça se comprend, mais philosopher, allons ! Les nichons, ça fait plaisir de les voir, de les tâter,* toucher.

(Dat lescht Wuert huet en haart geduecht.)

- Bitte? Sagten Sie etwas? Ich habe Sie nicht recht verstanden.

- *Attendez, attendez! C'est une source de réjouissance intarissable, c'est plaisant, nourrissant même, mais en quoi cette matière pourrait-elle constituer une quelconque philosophie, cela m'échappe complètement.*

(Eise Studentchen trommelt elo schonns e bëssche nervös mat de Fangeren op de Volant. Dee liicht frustréierten Douanier mierkt dat an hëlt sech Zäit.) *Pourquoi ne pas se contenter tout simplement de les voir, se réjouir de leur existence... Le physique ne suffit-il pas à lui-même, pourquoi a-t-on besoin du métaphysique?* (En denkt tatsächlech "du métaphysique".) *Est-ce qu'il ne pourrait pas s'agir d'un traité plaidant pour la coexistence, enfin, pour la cohabitation?*

(Eise braven Douanier kennt schwéierlech déi onstierflech Verse vum Gretchen am Goethe sengem "Faust", déi effektiv e fervente Plaidoyer fir d'Gläichberechtegung an d'Gläichbehandlung duerstellen am Sënn vun enger friddlecher an harmonescher Ko-existenz:

Zwei Brüste wohnen eng an meiner Seele,
Die eine will sich von der andern trennen;
Was frommt's, o Heinrich, dass ich dir's verhehle –
Ich muss die Eifersucht als Ursach' nennen.
Nimmst du der einen dich mit Inbrunst an,
Dass sie erblüht in höchster Wonnelust,

Wird blass vor Neid die andere alsdann,

Verkümmert schier in tiefstem Liebesfrust.

Drum, liebster Heinrich, widme dich den b e i d e n

Mit Lipp und Hand, mit klammernden Organen;

Ich muss, um bittre Zwietracht zu vermeiden,

Zur fairen Gleichbehandlung dich ermahnen.

Ma hien denkt weider ugestrengt no.)

Serait-ce de la pornographie pure et dure qui s'est emparée d'un titre quelque peu in-tellectualiste? Si non, serait-ce finalement un message cryptographique dans le contexte d'une grande opération d'espionnage?

Alors, vous étudiez à l'université de Sarrebruck?

- Pardon? Saarbrücken. Ja, ich studiere an der Universität Saarbrücken.

- Philosophie, vous avez dit?

- Ja, Philosophie.

(An deem Moment kënnt e Lëtzebuerger Douanier bei säi Kolleg eriwwer a freet, ob et hei eppes Interessantes ze beschwätze géif. Dee pëspert him eppes an d'Ouer a reecht him d'Buch. Nodeems de Lëtzebuerger Douanier e bësschen dra gebliedert huet, laacht en a seet zu sengem franséische Kolleg:)

- C'est absolument anodin, c'est-à-dire purement philosophique. Il n'y a absolument pas de danger. (Hie liest e puer Extraite vir.)

"Die menschliche Person besitzt nicht genügend Weite, um die ganze Welt entgegen zu nehmen; genügend Tiefe, um alle Rangstufen des Seienden zu erfassen; genügend Beweglichkeit und Kraft, um von allem lebendig innerlich ergriffen und zum praktischen Wirken getrieben zu werden. Tiefe, Spannweite, Kraft – je nach den Individuen verschieden – umschreiben das Seinsmaß, das den einzelnen Personen eigen ist, und damit die Möglichkeiten der Auswirkung dessen, was die Person in sich ist, im aktuellen Leben." (aus: "Potenz und Akt. Studien zu einer Philosophie des Seins". In: Edith Steins Werke, Freiburg im Breisgau 1998, Bd. 18, S. 133)

"In potentia esse – in actu esse, das sind die Seinsmodi endlicher Substanzen. Gott kann nicht anders als in actu esse. Und damit ist zugleich seine Potenz in actu. Substanz, Potenz, Akt fallen hier realiter zusammen. Beim Geschöpf fallen sie auseinander und stehen in realer Relation." (aus: "Potenz und Akt. Studien zu einer Philosophie des Seins". In: Edith Steins Werke, Freiburg im Breisgau 1998, Bd. 18, S. 9)

Mon cher collègue, avec ça on va se casser une dent. Je crois que tu peux le laisser passer.
(De franséischen Douanier gëtt dem Student d'Buch nees zréck a freet en, wouhin e fuere géif.)
  - Où est-ce que vous allez?
  - Pardon?
(De lëtzebuerger Douanier dolmetscht.) Wohin fahren Sie?
  - Nach Metz zum Einkaufen und dann zu einem Kommilitonen nach Bouzonville. Ich werde ihm dieses Buch geben zum Durchstudieren.
  - Bouzonville, heißt das nicht Busendorf auf Deutsch?
  - Genau, so heißt das.
(Déi béid laachen. Just de Fransous steet elo nach e bëssche méi frustréiert do, huet d'Kap gelicht a kraazt sech um Kapp. Da mécht en dem Student en Zeechen, datt e ka fueren.)

- Tu vois, Robert, nous, les Luxos, on est bien positionné entre la "Romania" et la "Germania". On est quand-même bien avantagé. Au moins, on ne se fait point d'illusions. On sait regarder les choses pour ce qu'elles sont. Rien ne vaut "Luxembourg et Grande Région, capitale européenne de la culture".

- T'es un vrai moulin à paroles, Pier. Dis, est-ce que tu t'ennuies là-bas?

(De Pier laacht nach ëmmer a grommelt:)

- Hirsch heißt mein Lieblingstier.

(Dëse leschte Saz seet hien net vun ongeféier op Däitsch. De Robert rëselt de Kapp an zitt sech a säin Haischen zeréck.)

D'Auteuren

Die Autoren

Les auteurs

Nicolas Ancion, né en 1971. De Liège à Carcassonne, en passant par Bruxelles ou Madrid, il fait étape là où poussent les mots. Depuis une dizaine d'années, il réinvente le monde à travers des histoires loufoques: sept romans, de nombreuses nouvelles, un fatras de poésie, des feuilletons pour le web ou la radio et bien d'autres choses. Ses nouvelles ont été couronnées par de nombreux prix littéraires. Dernières publications: "Quatrième étage" (roman, 2006) et "Nous sommes tous des playmobiles" (nouvelles, 2007).

Susanne Beckenkamp, 1959 in Simmern/Hunsrück geboren. Sie wuchs an der Mosel auf und lebt heute wieder in Waldesch/Hunsrück. In ihrer Kurzprosa setzt sie sich primär mit politischen und persön- lichen Beziehungen auseinander. Veröffentlichungen in Anthologien und mit Volker Flörkemeier im Band "REM-Phasen". Vorstandstätigkeit im Förderkreis deutscher Schriftsteller.

Monika K. Böss, 1950 in Bingen-Büdesheim geboren, lebt in Mörsfeld bei Kirchheimbolanden. Ver- öffentlichte die Romane "... und als ein Jahr vergangen", "Hemshof-Blues", "Marvins Bräute" und "wenn die schönen Mädchen sterben" sowie die Erzählungsbände "Krautrübenkönigin" und "landauswärts".

Josy Braun, 1938 zu Lëtzebuerg gebuer. Bis 1991 Journalist, zanterhir fräie Schrëftsteller. Schreift op Lëtzebuergesch an op Däitsch fir Kanner an Erwuessener. Lescht Publikatiounen: "Bommenteppech" (Roman, 2004), "Déi gréng Piscine am Ruckelsbësch bei Klengliller" (Kannerkrimi, 2005), "Feierowend" (Kuerzgeschichte a Gedichter, 2005), "Meewäin" (Roman, 2007).

Klaus Brill, 1949 in Alsweiler/Saar geboren und dem Saarland nach wie vor verbunden, lebt als Korres- pondent der "Süddeutschen Zeitung" in Prag. Er war für die SZ zuvor auch in München, Frankfurt, Hamburg, Rom und Washington tätig. Im Picus Verlag (Wien) erschienen von ihm drei Bücher über Italien und den Vatikan, bei Editions Guy Binsfeld ein "Saarland-Portrait".

Christa Estenfeld, 1947 in Mainz geboren. Ebenfalls als Zeichnerin und Malerin tätig. Veröffentlichte u. a. "In Augenhöhe" (Gedichte und Bilder, 1987), "Die Menschenfresserin" (Erzählungen, 1999), "Buffalo Bills Sattel" (Erzählungen, 2005). Wurde mit mehreren literarischen Preisen, unter anderem dem Bremer Förderpreis 2000, ausgezeichnet.

Marielys Flammang, 1942 zu Käerch gebuer. Lieft zu Waldbriedemes. 37 Joer laang Léierin zu Stengefort. Hir Kuerzgeschichte koumen 2005 ënnert dem Titel "Bilder aus den Zwischenräumen" eraus. Donieft huet si Theaterstécker geschriwen, déi all zu Stengefort vum "Rido 85" opgefouert goufen.

Jacques Gandebeuf, ancien grand reporter et éditorialiste au "Républicain Lorrain".

Linda Graf, 1967 in Düdelingen geboren. Veröffentlichte bisher die Kurzgeschichten "Besoffen von der Einfachheit" (2000) und den Roman "Maximilians Schlaf" (2003). Ihr neuer Roman "Federmanns Fall" erscheint 2008.

Roland Harsch, 1951 zu Lëtzebuerg gebuer. Schreift a publizéiert haaptsächlech humoristesch-satiresch Gedichter. Bicher: "Musikalische Federspiele" (1996), "Kalendarium für geplagte Stadt- und Landleut" (1997), "Laub und Nadel" (2000, Servais-Präis 2001), "PARODIES ... und DAS" (2004). Theaterstéck: "Der Spielverderber" (2004). Hien ass vu Beruff Däitschproff.

Georges Hausemer, Jahrgang 1957, lebt als Schriftsteller, Übersetzer, Zeichner und Verlagsmitarbeiter in Esch/Alzette. 1988 Teilnahme am International Writing Program in Iowa City. Neben Reisereportagen (u. a. in der "Frankfurter Allgemeinen Zeitung" und in der "Neuen Zürcher Zeitung"), Romanen, Erzählungen und Gedichten hat er mehrere Reisebücher, zuletzt "Und abends ein Giraffenbier. Reisegeschichten" (2006), sowie das "Luxemburger Lexikon. Das Großherzogtum von A-Z" (2006) veröffentlicht.

Lex Jacoby, 1930 zu Jonglënster gebuer. Mataarbecht bei Bicher a Literaturzäitschrëften. Lëtzebuerger Literaturpräis 1957. Rezent Publikatiounen: "Spanien heiter bis wolkig", Reesjournal (1994), "Wasserzeichen", Erzielungen (1995, Prix Servais 1996), "Remis in der Provence" (2000), "Wie nicht ganz schwarzer Kohlenstein" (2001), "Die Deponie" (2006).

Henri Losch, 1931 zu Dikrech gebuer. Linguist, Kannerbuch- an Dréibuchauteur, Reesguide, Iwwersetzer an Erzieler. Lescht Publikatiounen: "E Bouf erzielt. Eng gewéinlech, ongewéinlech Kannerzäit am Krich" (2004, als Hörbuch an der Serie "Binsfeld Audio" 2007) an de Krimi "Häerzerkinnek" (2007).

Jérôme Netgen, Jahrgang 1965. Hat Kunst in Volksschulen unterrichtet und als Zeitungskorrektor, Lokal- und Kulturjournalist gearbeitet. Seit Januar 2007 freischaffend. Verschiedene Beiträge in Büchern und anderen Publikationen zu kulturellen und lokalhistorischen Themen.

Gilles Ortlieb, né en 1953 au Maroc, vit et travaille à Luxembourg depuis 1986. Il a publié des proses, e. a. "Carnets de ronde" (2004), "Noël à Ithaque (2006), des poèmes – "Poste restante" (1997), "Place au cirque" (2002), "Meuse Métal etc." (2005) – et des essais: "Sept petites études" (2002), "Au Grand Miroir et Des Orphelins" (respectivement 2005 et 2007). Il a également traduit, du grec, "Six nuits sur l'Acropole" de Georges Séféris, et, de Mikhaïl Mitsakis, "Le Suicidé" et "Un chercheur d'or".

Pol Pütz, 1947 gebuer. Auteur vun Texter fir Revue a Cabaret. Huet haaptsächlech Geschichten a Gedichter op Lëtzebuergesch publizéiert, fir d'lescht "Kenns du dat Land?" (2004).

Claude Raucy est né en 1939 en Lorraine belge. Surtout connu comme écrivain pour les jeunes, il a publié e. a. "Le doigt tendu" et "Le garçon du Wannsee". Il est aussi l'auteur de "Un garçon bien sage" et d'un album consacré à la Gaume, "La Gaume sentimentale", écrit en collaboration avec Frank Andriat (2007).

Joscha Remus, Jahrgang 1958, ist deutscher Schriftsteller und Reisejournalist mit moselfränkisch-rumänischen Wurzeln. Seine erste Veröffentlichung war ein deutsch-luxemburgischer Sprachführer. Er schreibt unter anderem Hör-Reise-Features sowie grenzüberschreitende Reiseführer wie "Wege durch den Wissensdschungel" und "Kulturschock Rumänien". Er ist Autor für "Die Zeit", "Zeit-Wissen" und die Schweizer "Weltwoche" sowie Gründer des ersten deutschen Wissenscafés in Stuttgart.

Erhard Schmied, geboren 1957, aufgewachsen in der Nähe von Frankfurt am Main, lebt als Autor in Saarbrücken. Verheiratet, zwei Kinder. Schreibt in erster Linie Drehbücher (u. a. für die Reihe "Tatort"), Hörspiele sowie Kinder- und Jugendtheaterstücke. Letzte Buchveröffentlichung: "Eine Sehnsucht anderer Art", Erzählungen (1997).

Margret Steckel, geboren 1934 in Mecklenburg, lebt seit 1983 in Luxemburg. Veröffentlichte Erzählungen und Romane, zuletzt "Die Schauspielerin und ich" (2003). Für ihre Erzählung "Der Letzte vom Bayrischen Platz" erhielt sie den Prix Servais 1997.

Arno Strobel, geboren 1962, lebt mit Ehefrau und drei Kindern in der Nähe von Trier. Studium der Versorgungstechnik, Weiterbildung im Bereich IT, arbeitet seit zwölf Jahren im Bereich Change Management/Organisation einer großen deutschen Bank in Luxemburg. Nach Veröffentlichungen von Kurzgeschichten in Zeitungen, Zeitschriften und Anthologien erschien im April 2006 sein Debütroman, der erfolgreiche Thriller "Magus – Die Bruderschaft", der im Herbst 2007 bei dtv neu aufgelegt wird.

Peter Zender, geboren 1964 in der Nähe von Trier, studierte dort Germanistik und Politikwissenschaft. Nach dem Studium arbeitete er einige Zeit im Buchhandel und bei einem Verlag in Luxemburg. Heute ist er Inhaber der Trierer Buchhandlung "De' Bücherladen" und Mitbegründer des Addita Verlags.

De Fotograf
Der Fotograf | Le photographe

De Michel Zavagno ass 35 Joer al. No Physiksstudie beschäftegt hien sech zanter 1997 haaptsächlech mat Portrait- an Architekturfotografie. Hie lieft zu Paräis a schafft do an zu Lëtzebuerg als fräie Fotograf fir verschidde grouss Entreprisen, Institutiounen, Zäitschrëften a fir d'Agence "blitz".

Iwwer seng Aarbecht fir dëst Buch seet de Michel Zavagno:

La grande région s'est encore agrandie... au moins pour moi. C'est un endroit que je connaissais assez peu, que j'ai découvert et que j'aime maintenant d'autant plus.

En discutant avec les habitants, les "usagés" du coin, on s'aperçoit que la frontière est une barrière, le plus souvent invisible, que l'on construit ou déconstruit selon l'humeur du moment et l'usage que l'on peut en avoir, que l'on soit contrebandier, douanier, banquier, commerçant, ou homme politique.

Tout ça est un peu virtuel. Ce qui l'est moins, ce sont ces pays où les langues et les gens se mélangent. Quelle chance! Quelle richesse!

Les zones frontalières c'est aussi, plus qu'ailleurs, les préjugés, les malentendus et les petites jalousies, chacun jouant le rôle que le voisin souhaite le voir jouer entretenant ainsi l'ensemble... C'est tellement confortable!

Mais franchement, en buvant un verre de vin de la Moselle luxembourgeoise, qui se soucie de savoir si tous les grains de raisins sont nés du bon côté de la frontière?

Je n'écris pas, il m'est donné à moi de "réfléchir en photographie" et c'est ce que j'ai essayé de faire ici.

Remerciements

Je tiens ici à adresser mes remerciements:

– aux auteurs pour leur générosité et leur bonne volonté à jouer le jeu, le portrait est un don que l'on fait au photographe;

– à Ambrosio et sa famille pour leur gentillesse et leur accueil, spécialité de ceux qui sont, un jour, partis loin de chez eux;

– à Papy Robert et Mamie Francine pour leur patience et leur bienveillance;

– à Christina pour sa classe!

– à Piera, toujours prête pour une aventure photographique tant que Papa est là pour la tenir;

– à Miss Caroline pour son énergie, et ne te soucie pas de ce que pensent les autres...;

– à Laurent, grand spécialiste inconnu de la géographie luxembourgeoise, qui m'a épargné six mois de repérage et d'hésitation grâce à ces remarques toujours pertinentes;

– aux Editions Guy Binsfeld, Miriam, Rob, Georges, pour leur confiance.